AF452495

L'ENTRÉE

DANS LE MONDE,

COMÉDIE EN CINQ ACTES, EN VERS.

L'ENTRÉE

DANS LE MONDE,

COMÉDIE EN CINQ ACTES, EN VERS;

Représentée, pour la première fois, par les Comédiens sociétaires de l'Odéon, sur le théâtre de la Cité, le 27 prairial an 7.

Par L. B. PICARD.

Cereus in vitium flecti, monitoribus asper.
HORAT. *de arte poetica.*

SECONDE ÉDITION.

A PARIS,

Chez { HUET, Libraire, rue Vivienne, N.º 8.
{ CHARON, Libraire, passage Feydeau.

AN X.

Personnages.   *Acteurs.*

Personnages	Acteurs
TÉRIGNI, jeune héritier,	Cit. BERTIN.
FABRICE, jeune homme sans fortune,	BARBIER.
CLERMONT, vieux militaire,	DORSAN.
DABLANVILLE, homme d'intrigue,	VIGNY.
BEAUPRÉ, } riches du jour,	{ CLOZEL.
DUMONT, }	{ HABERT.
DERLANGE, pilier d'académie,	BOSSET.
FAVEL, journaliste,	PICARD j.e
UN PORTIER,	VALVILLE.
Mad. ST-ALARD, maîtresse de maison,	Mesd. MOLÉ.
AGLAÉ, fille de Mad. Saint-Alard,	HEBERT.
SOPHIE, sœur de Fabrice,	ADELINE.
JUSTINE, femme-de-chambre de Mad. St.-Alard,	MOLIÈRE.
Mad. DUMONT, femme de Dumont,	DELISLE.

La Scène se passe chez **Mad. ST.-ALARD.**

L'ENTRÉE
DANS LE MONDE.

ACTE PREMIER.

SCENE PREMIERE.

TÉRIGNI, FABRICE, SOPHIE, *tous trois en habits de voyage ;* JUSTINE.

SOPHIE.

ENFIN, nous voici donc arrivés à Paris.

TÉRIGNI avec enthousiasme.

Voilà le monde ouvert devant nous, mes amis.

JUSTINE avec importance et rapidité.

Votre tante est sortie avec mademoiselle,
En vous recommandant tous les trois à mon zèle.
(*à Fabrice.*)
Je ne me trompe pas ; vous êtes le neveu ;
C'est qu'en airs de famille on se connaît un peu.
(*en montrant Sophie.*)
Et voici votre sœur, cette aimable Sophie,
De toute la maison d'avance si chérie ;
(*en montrant Térigni.*)
Et voici votre ami, ce jeune homme charmant,
Pour qui vous nous faisiez chercher un logement ;
Térigni qui doit être un jour millionnaire,
Que madame retient pour son pensionnaire.
Vous voyez, je sais tout ; vous venez à Paris,
Après avoir perdu vos parens au pays ;
Votre tante vous offre un asyle chez elle ;
Vous l'acceptez pour vous et pour mademoiselle ;
Térigni, profitant de cette occasion,
Vient avec vous finir son éducation ;

A

Madame m'a donné sa confiance entière ;
J'aurai bientôt la vôtre, ou du moins je l'espère.
Mais, pardon, plus long-tems je ne saurais causer ;
Dans vos appartemens il faut tout disposer ;
C'est moi qui veille à tout quand madame est absente.
Adieu, mademoiselle ; elle est vraiment charmante.
(Elle fait une petite révérence, et sort.)

SCÈNE II.

FABRICE, TÉRIGNI, SOPHIE.

TÉRIGNI.

Eh bien, Fabrice, toi qui te peins tout en noir,
Tu vois comme on s'empresse à bien nous recevoir.
FABRICE.
Je n'ai jamais douté du bon cœur de ma tante ;
Je me rappelle encor cette lettre touchante.
Venez, écrivait-elle ; accourez, chers enfans,
Il vous reste à Paris encor de bons parens :
La mort vous a ravi la mère la plus tendre ;
Autant qu'il est en moi, je saurai vous la rendre.

SOPHIE comme se rappelant les propres mots
de la lettre de sa tante.

Ma fille, à sa cousine, ou plutôt à sa sœur,
Car c'est le nom chéri que lui donne son cœur,
Promet son amitié d'avance, et pour la vie ;
Jusqu'aux larmes, vois-tu, ces mots m'ont attendrie :
(à Térigni.)
Quoi que de ma cousine et de vous on ait dit,
Au voyage dernier que chez nous elle fit,
Cette lettre a suffi pour me la rendre chère :
(à Fabrice.)
Je sens qu'avec plaisir je la verrai, mon frère.

FABRICE.
Aussi j'ai répondu, ma sœur, en acceptant
Cet asyle où déja l'amitié nous attend.

TÉRIGNI.
Quand, brûlant de quitter notre triste province,
De ma mère j'obtins avec toi que je vinsse ;
Comme aussitôt, craignant d'obliger à demi,
Ta bonne tante offrit sa table à ton ami.

F A B R I C E.

Sur ce point nous serons toujours d'accord ensemble ;
Mais t'imagines-tu que chacun lui ressemble ?

T É R I G N I.

Ne sait-on pas, pour peu qu'on ait quelque bon sens,
Que ce monde est mêlé de bons et de méchans ?
De ma part ne crains pas de méprise fatale ;
Je saurai discerner... Remets donc ta morale
A quelqu'autre moment, et parlons du bonheur
De nous voir à Paris, dans ce monde enchanteur
Dont nos livres nous font de si belles peintures ;
Si, ne l'ayant encor vu que dans nos lectures,
Nous lui devons déja mille plaisirs divers,
Combien ses agrémens, ses beautés, ses travers
Vont-ils nous enchanter et nous servir d'école, .
Quand nous-mêmes enfin y joûrons notre rôle !

S O P H I E.

C'est que Paris, dit-on, est un séjour divin :
Il faut aller tout voir, mon frère, et dès demain.

T É R I G N I.

Oui, nous irons tous trois, et ne crois pas, de grace,
Que mon tems tout entier en vains plaisirs se passe :
Le tems est précieux, mon cher, à vingt-deux ans ;
Je saurai, comme il faut, employer les instans.

F A B R I C E.

Ne tarde pas sur-tout à me faire connaître
Ce Clermont qui consent à te servir de maître :
De ses leçons aussi je voudrais profiter.

T É R I G N I.

Dès demain nous irons chez lui nous présenter,
Il doit avoir reçu la lettre de ma mère.

F A B R I C E.

C'était l'intime ami de feu ton pauvre père.

T É R I G N I.

Un peu brusque, dit-on, mais bon cœur, sens exquis.

F A B R I C E.

Dans le génie il a bien servi son pays.

On le dit fort instruit dans les mathématiques....

FABRICE.

Auxquelles on entend sur-tout que tu t'appliques.

TÉRIGNI.

Oui; mais, sans borner là mes études, ami,
Les langues et les arts m'occuperont aussi;
L'anglais, l'italien, l'allemand, la musique,
Dessin, morale, danse, histoire et politique;
Voilà de quoi finir mon éducation.
C'est qu'à bien observer ma situation,
Je peux sortir un jour de la classe commune.
Je tiens de mes parens une immense fortune;
Fort jeune, pas mal fait, et n'étant pas un sot,
Sans vanité l'on peut sentir ce que l'on vaut.
Et tiens, voici mon plan : le matin, mes études,
Je saurai les tourner en douces habitudes :
Je m'entoure à dîner d'amis, d'hommes instruits;
On en trouve aisément à choisir à Paris :
Puis, honnêtes plaisirs; vers le soir, comédie,
Concert, doux entretien, légère poésie;
Point de jeu, point d'excès; cependant chaque jour,
A l'amitié fidèle, et fidèle à l'amour.
Je te verrai, Fabrice, et vous, ô ma Sophie !
C'est vous sur-tout, c'est vous qui charmerez ma vie.
Ainsi donc, observant le monde, et me formant
Tout-à-la-fois le cœur, l'esprit, le jugement,
Au travail, au plaisir j'emploîrai ma jeunesse :
Ce plan-là n'est-il pas dicté par la sagesse?

FABRICE.

Non. Le sage, mon cher, n'étend pas ses projets
Aux choses qu'il ne peut exécuter jamais.
Tout apprendre! eh! bon dieu, quelle est cette manie!
Lorsque pour un seul art c'est peu de notre vie.
Il ne m'appartient pas de te faire un sermon;
Qu'importe qui le fasse après tout, s'il est bon?
Ami, je crains pour toi jusqu'à tes vertus même;
Ton cœur facile et bon, ta confiance extrême,
Ton goût pour les plaisirs, un peu de vanité,
Sur-tout dans tes desseins cette légèreté.
Déja plein des héros de la Grèce et de Rome,
De ton siècle tu crois devenir le grand homme :

Quand on veut tout savoir, que peut-on savoir bien ?
Qui se croit propre à tout, souvent n'est bon à rien.
Pour moi, j'ai quelque goût pour les mathématiques ;
Eh bien, elles feront mes études uniques ;
Comme c'est constamment que je les apprendrai,
A les bien posséder aussi je parviendrai ;
Et par quelques talens, utilisant ma vie,
Peut-être je paîrai ma dette à ma patrie ;
C'est le plan que toujours je me suis proposé :
Le tien est plus brillant, le mien est plus aisé.

T É R I G N I.
Peut-être en est-ce trop à-la-fois que j'embrasse ?
Toi, garçon plus sensé, dirige-moi, de grâce ;
Toi, mon premier ami, toi, mon premier censeur,
Mon frère, puisqu'enfin tu m'as promis ta sœur.

F A B R I C E.
Oui, votre amour, ami, date de notre enfance,
Comme notre amitié. Les sermens de constance
Que vous vous étiez faits dans ces tems trop heureux,
Ont été répétés depuis par tous les deux.
A ma sœur, Térigni reste toujours fidèle.

S O P H I E.
A ce mot seul ma crainte encor se renouvelle.
Vous allez vous trouver entouré de beautés ;
Ma cousine Aglaé...

T É R I G N I.
Quoi, vous la redoutez !

S O P H I E.
Vous l'aimiez, m'a-t-on dit ?
T É R I G N I.
Non. Vous fûtes absente
Pendant tout son voyage. Elle est fort séduisante ;
Mais comment oublier notre amitié, nos jeux,
Nos parens souriant à nos premiers aveux ?
Non, jamais Térigni ne vous sera parjure.
S O P H I E.
Allons, de votre bouche un seul mot me rassure.
T É R I G N I.
Ses traits vifs et mordans savaient me réjouir ;
Mais j'ai pu l'écouter, je crois, sans vous trahir.

SOPHIE.

Mais on vient.

FABRICE.

C'est ma tante et ma belle cousine.

SCENE III.

LES PRÉCÉDENS, Mad. St.-ALARD, AGLAÉ.

Mad. St.-Alard *parlant de dehors.*

Ou sont-ils? où sont-ils? conduisez-nous, Justine.
(*accourant à Fabrice.*)
Cher neveu!

AGLAÉ *de même.*

Cher cousin!

Mad. St.-ALARD.

Qu'il me tardait, hélas!
De pouvoir vous serrer tous les deux dans mes bras!
(*en montrant Térigni.*)
Est-ce là Térigni, l'ami de la famille,
Ce jeune homme opulent? saluez donc, ma fille.

FABRICE.

Quel gracieux accueil!

Mad. St.-ALARD.

Vous connaissez mon cœur,
Pouviez-vous en douter? De ma défunte sœur,
Voilà bien tous les traits: tous les jours je la pleure,
N'est-ce pas, Aglaé? Mais quoi, dans ma demeure,
Amener avec vous un hôte intéressant?
Vous savez reconnaître au bienfait; c'est charmant!

TÉRIGNI.

Madame, en vérité....

Mad. St.-ALARD *à sa fille.*

. Mais, parlez donc, ma chère,
Ou bien l'on va vous croire une sotte.

AGLAÉ *avec apprêt.*

Ma mère....

Mad. St.-ALARD *à Térigni.*

Elle est toujours timide, excusez. On m'a dit
Que vous étiez, Fabrice, un jeune homme d'esprit;

Il en avait aussi beaucoup feu votre père :
Oui, mais point de conduite et point de caractère ;
Je lui disais : Songez, mon frère, à vos enfans ;
Après vous, ils seront à charge à vos parens :
Cela n'a pas manqué ; s'il eût voulu m'en croire....

FABRICE *se hâtant d'interrompre sa tante.*

Ma tante, comme nous, respectez sa mémoire ;
Ses torts à ses enfans doivent être inconnus,
Et nous n'avons jamais songé qu'à ses vertus.

Mad. St. - ALARD.

Fort bien. Je vous marquais dans ma lettre dernière
Que le beau monde ici se rendait d'ordinaire ;
Vous trouverez chez moi, messieurs, sans vanité,
Une école de goût, d'esprit, d'urbanité :
Vous entrez dans le monde ; une maison pareille
Vous doit à tous les trois convenir à merveille.
Dès ce soir, vous verrez que je ne mentais pas ;
C'est mon jour justement ; si vous n'êtes pas las,
A ma société tous trois je vous présente.

SOPHIE.

Nous acceptons cet offre avec plaisir, ma tante.

FABRICE.

Que fait-on ?

Mad. St. - ALARD.
Mais, on joue.

FABRICE.
On joue !

TÉRIGNI.
On joue !

Mad. St. - ALARD.
Oh ! peu ;

On est libre d'ailleurs de jouer petit jeu.
C'est que chacun à vous d'avance s'intéresse.
   (*à Fabrice et à Sophie.*)   (*à Térigni.*)
J'ai conté vos malheurs. On sait votre richesse.

SOPHIE.

Mais, dans un tel état, puis je me présenter ?

Mad. St. - ALARD.

Ma fille à vous parer voudra bien se prêter.

A 4

Elle se met si bien ! Pardon si je la vante ;
C'est mon enfant.
(à Térigni.)
Comment la trouvez-vous ?
TÉRIGNI.
Charmante !
Sophie à ce mot de Térigni se trouble , et laisse
échapper, malgré elle , son dépit.
Mad. St. - A L A R D à sa fille.
Parlez donc.
A G L A É.
Oh ! je sais que monsieur est galant.
Mad. St. - A L A R D.
Mais il faut à chacun montrer son logement.
Justine, conduisez.... Pardon si je vous laisse,
Ma fille , dans l'instant, va vous joindre, ma nièce.
(à sa fille.)
Un mot , mademoiselle.
T É R I G N I avec enthousiasme.
Ainsi donc , dès ce soir ,
Je pourrai par mes yeux tout observer , tout voir.
F A B R I C E.
Garde-toi de juger sur la simple apparence :
Du fond des cœurs le tems donne seul connaissance.
S O P H I E , à Térigni.
Vous savez bien placer un tendre compliment ,
Et ma cousine aussi doit vous trouver charmant.
(Ils sortent tous les trois.)
Mad. St. - A L A R D , à Justine qui les suit.
Justine , envoyez-moi , s'il vous plaît , Dablanville.
(Justine sort.)

SCENE IV.

Mad. SAINT - ALARD, AGLAÉ.
Mad. St. - A L A R D.
ILS sont partis ; laissons tout discours inutile.
Votre état et le mien doit vous être connu ;
Nos dépenses sont loin de notre revenu.

Sans le jeu je serais fort à plaindre, ma fille :
On me croit de grands biens ; dans le monde je brille ;
C'est à force de soins. Pour qui ces soins ? Pour vous.
J'ai toujours espéré vous trouver un époux.
Votre père a mangé sa fortune et la mienne,
Et vous voyez encor qu'il faut que je soutienne
Des parens.... J'étais loin, quand je leur écrivis,
De penser qu'ils allaient accourir à Paris ;
C'était un compliment de pure politesse ;
Et de me prendre au mot le cher neveu s'empresse :
Mais ne nous plaignons pas de leur séjour ici,
Puisque nous leur devons ce jeune Térigni.
Il est fort riche ; il fait ce qu'il veut de sa mère :
Vous êtes jeune, aimable, et bien faite pour plaire.
On m'a dit qu'il avait certain penchant pour vous :
Si vous le voulez bien, je le tiens votre époux.

ANGLE

A G L A É.

Avez-vous oublié la passion fatale
De ce jeune Clermont, la colère brutale
De son père ?

Mad. St. - A L A R D.

Eh ! qu'importe ? Et du père, et du fils
Entendons-nous parler ? sont-ils même à Paris ?
Et, quand ils y seraient, qu'en aurions-nous à craindre ?
Sous notre nouveau nom pourraient-ils nous atteindre ?
Tous deux nous connaissaient sous le nom de Dupré ;
Hors nos parens, de tous ce nom est ignoré.

A G L A É.

Tranquille, grâce au ciel, avec ma conscience,
De tous leurs vains propos je brave l'insolence ;
Mais à l'amour je crains toujours de me livrer.

Mad. St. - A L A R D.

A Clermont, Térigni peut-il se comparer ?

A G L A É.

Dans le peu de séjour que j'ai fait chez ma tante,
Je ne m'en cache pas, mon ame franche, aimante
Sut trop apprécier peut-être Térigni ;
Et c'est vraiment, je crois, un excellent parti ;
Mais je tremble... Comment trouvez-vous ma cousine ?
On nous avait vanté ses grâces et sa mine :

Elle est fort jeune, soit ; mais est-elle si bien ?
Un air gauche, des yeux qui ne vous disent rien.

Mad. St.-Alard.

Toujours des traits malins, comme à ton ordinaire ;
Mais, sans plus de délais, va la trouver, ma chère :
Ne la rends pas si belle, en la parant au moins ;
Pour toi, ma chère enfant, réserve tous tes soins.

Aglaé.

Son ton provincial sera bien difficile
A corriger. Je sors. Voici ce Dablanville.

Mad. St.-Alard *d'un air très-dédaigneux.*
Ah, ah !

(*Aglaé sort.*)

SCÈNE V.

MAD. SAINT-ALARD, DABLANVILLE
mis très-modestement.

Dablanville *d'un air suppliant.*

Vous desirez m'entretenir, dit-on ?

Mad. St.-Alard *d'un air très-haut.*
Dès ce soir, il vous faut quitter cette maison :
Voilà ce qu'à l'instant j'ai voulu vous apprendre.

Dablanville.
Pourquoi donc ?

Mad. St.-Alard.
Je n'ai pas de comptes à vous rendre.

Dablanville.
Ah ! je le sais fort bien ; mais enfin quel sujet ?

Mad. St.-Alard.
Quel sujet ? Le voici. Je ne vous crois pas fait,
Monsieur, pour habiter une maison décente :
La mienne fut toujours honnête, je m'en vante.
Sur ces hôtes il faut que l'on soit délicat :
Vous êtes sans aveu, sans moyen, sans état.

Dablanville.
Moi, j'en ai vingt pour un : comme on vous calomnie !

Mad. St.-Alard.
Oui, l'intrigue, le jeu : vous vivez d'industrie.

D A B L A N V I L L E.

Chacun vit comme il peut.

Mad. St. - A l a r d.

Depuis qu'en ce grenier
Vous logez, vous avez oublié de payer.

D a b l a n v i l l e.

Oublié, c'est le mot, et ma misère est telle!...

Mad. St. - A l a r d.

Je suis fort au-dessus de cette bagatelle;
Je vous aurais encor gardé, j'ai si bon cœur!
Mais quoi, de ma maison je veux sauver l'honneur;
Votre chambre d'ailleurs me devient nécessaire;
Je la donne au valet d'un nouveau locataire,
Fort riche, que chez moi l'on met en pension,
Qui vient finir chez moi son éducation.

D a b l a n v i l l e.

Jeune?

Mad. St. - A l a r d.

Il a vingt-deux ans.

D a b l a n v i l l e.

Riche?

Mad. St. - A l a r d.

Fortune immense.
Un tel hôte vaut bien quelques égards, je pense.

D a b l a n v i l l e.

Et qui vient à Paris pour la première fois?

Mad. St. - A l a r d.

Mais que de questions! Vous comptez, je le vois,
Déja trouver en lui quelque dupe nouvelle;
Ne vous en flattez pas; il est sous ma tutelle:
Nos principes entre eux diffèrent.

D a b l a n n i l l e.

Mais pas tant.

Mad. St. - A l a r d.

Plaît-il?

SCENE VI.

LES PRÉCÉDENS, JUSTINE.

JUSTINE.

On veut parler à madame.

Mad. St.-ALARD.

Un instant.
(à Dablanville.)
Comme il est tard, ce soir, restez ; mais de bonne heure,
Au moins, demain matin, quittez cette demeure.
(Elle sort.)

DABLANVILLE.

Oui, madame.

SCENE VII.

DABLANVILLE, JUSTINE.

DABLANVILLE en retenant Justine qui
allait suivre mad. St.-Alard.

Deux mots.

JUSTINE.

Ah ! ne m'arrêtez pas,
Car nous avons déja ce soir tant d'embarras.

DABLANVILLE.

Oui, je sais, vous avez un nouveau locataire.

JUSTINE.

Ils sont bien trois vraiment, et la sœur, et le frère,
Et puis leur jeune ami Térigni.

DABLANVILLE.

Qui, dit-on,
Est riche ?

JUSTINE.

Il doit avoir un jour un million,
Et voilà ce qui rend madame si contente :
Vous savez que je suis ici la gouvernante ;
Je vois ce qui se fait, j'entends ce qui se dit ;
On devine le reste avec un peu d'esprit.

J U S T I N E.

Sur ce jeune homme à peine arrivé de voyage
On a des projets.

        D A B L A N V I L L E.

      Bon !

        J U S T I N E.

           Projets de mariage.

      D A B L A N V I L L E.

Oui-dà !

        J U S T I N E.

     Mademoiselle a bien près de vingt ans.

       D A B L A N V I L L E.

Déja !

        J U S T I N E.

     De l'établir je pense qu'il est tems ;
Sans vouloir parler mal ici de ma maîtresse,
Et la mère et la fille ont du tact, de l'adresse :
Ce jeune homme d'ailleurs est si neuf, est si bon ;
Pourvu qu'entre les mains de quelqu'adroit fripon
Il n'aille pas tomber.

       D A B L A N V I L L E.

         Ce serait bien dommage.

       J U S T I N E.

N'est-ce pas ?

       D A B L A N V I L L E.

       C'est qu'il a beaucoup d'argent, je gage?

       J U S T I N E.

Sa mère l'idolâtre.

       D A B L A N V I L L E.

        Et, tant qu'il en voudra,
La bonne femme ici sans doute en enverra.

       J U S T I N E.

Et comme il est d'ailleurs d'une jeunesse extrême,
On vous le mènera !... Mais le voici lui-même ;
Là, n'a-t-il pas bon air dans son nouvel habit ?
N'allez pas répéter ce que je vous ai dit.

DABLANVILLE.

Fi donc !

JUSTINE.

Quoique fort douce au fond dans mes critiques,
Nous avons toujours tort, nous autres domestiques.
Je vous laisse ; au revoir.

(*Elle sort.*)

DABLANVILLE.

Très-humble serviteur.

SCENE VIII.

TÉRIGNI *en habit plus élégant*, DABLANVILLE.

DABLANVILLE *se retournant après ces derniers mots
à Justine, et se trouvant en face de Térigni.*

Au jeune Térigni, je crois que j'ai l'honneur
De parler ?

TÉRIGNI.

A lui-même.

DABLANVILLE.

Ah ! quelle jouissance
Pour moi, de pouvoir faire avec vous connaissance !

TÉRIGNI.

Avec moi ! Je ne sais par où j'ai mérité...

DABLANVILLE.

Par où ? Combien de gens déjà nous ont vanté
Ce jeune homme charmant, plein d'esprit, sûr de plaire,
De tout le monde aimé, comme il l'est de sa mère :
Jeune homme, votre nom vous avait devancé.

TÉRIGNI.

Je ne me croyais pas de la sorte annoncé ;
Mais enfin à qui dois-je un si flatteur éloge ?

DABLANVILLE.

Je suis l'un des amis de celle qui vous loge,
Madame Saint-Alard ; elle m'aime vraiment,
Et m'en donnait la preuve encor dans le moment.

J'ai connu votre père aussi ; de Dablanville
Il vous a parlé ?

TÉRIGNI.
Non.

DABLANVILLE.
Fixé dans cette ville,
Je l'ai perdu de vue, et non pas oublié,
Et son fils a des droits sûrs à mon amitié.

TÉRIGNI.
Croyez....

DABLANVILLE.
Mais cet habit un peu plus que modeste
Vous surprend. Vous voyez un exemple funeste
Des revers attachés aux cœurs trop généreux.
Je suis pauvre aujourd'hui , jadis je fus heureux :
Des fourbes, des ingrats m'ont rendu leur victime ,
Et que me reste-t-il ? rien , que ma propre estime.

TÉRIGNI.
C'est quelque chose encor.

DABLANVILLE.
Cela ne suffit pas.

TÉRIGNI.
Vous avez rencontré des fourbes ?

DABLANVILLE.
Ici bas,
On en trouve par-tout.

TÉRIGNI.
Vous fûtes bien à plaindre
Alors ?

DABLANVILLE.
Ah ! j'en réponds.

TÉRIGNI.
Ne dois-je pas les craindre,
Moi, tout neuf dans ce monde, et facile à tromper ?

DABLANVILLE.
C'est qu'il en est bien peu qui puissent échapper ;
Il est tant de fripons dans cette grande ville :
Mais vous avez sans doute un ami sage, habile,

Qui saura vous sauver de ces piéges nombreux?

TÉRIGNI.

Non. Qu'un pareil ami me serait précieux!

DABLANVILLE.

Mais les gens avec vous qui firent le voyage?

TÉRIGNI.

Qui? Fabrice et sa sœur? Mais ils sont de mon âge,
Et de leçons tous deux ont besoin comme moi.

DABLANVILLE.

Vous avez à Paris d'autres amis, je croi?

TÉRIGNI.

Madame Saint-Alard, leur estimable tante.

DABLANVILLE.

Bonne femme, à coup sûr.

TÉRIGNI.
                    Dont la fille est charmante.

DABLANVILLE.

Oui; mais ce n'est pas là ce qu'il faut tout-à-fait;
C'est sans instruction; c'est frivole, indiscret.

TÉRIGNI.

Vous croyez? Mais Clermont vous est connu peut-être?

DABLANVILLE.

Non.

TÉRIGNI.

    Un géomètre.

DABLANVILLE
          Ah!

TÉRIGNI.
              Qu'on m'a donné pour maître.
Mais son nom jusqu'à vous doit être parvenu;
Mon père l'aimait fort.

DABLANVILLE.
                  Ce nom-là m'est connu,
En effet. Oui vraiment. Un grand fond de science;
Mais des hommes, du monde a-t-il l'expérience?
Un savant est-il bien ce qu'il faut maintenant?
C'est plutôt un ami raisonnable, indulgent.

TÉRIGNI.

Oh ! Clermont est bien loin de la pédanterie.

DABLANVILLE.

Comment ?

TÉRIGNI.

Il a servi long-tems dans le génie.

DABLANVILLE.

Justement, à-la-fois militaire et savant,
Estimable à coup sûr ; mais est-il au courant
Des usages, des mœurs ?

TÉRIGNI.

On vante sa franchise.

DABLANVILLE.

Vertu qui nous expose à plus d'une sottise.

TÉRIGNI.

Où trouver cet ami prévenant, éclairé ?

DABLANVILLE.

Je ne sais ; dès long-tems du monde retiré....
Je ne puis... Il est vrai que, malgré ma misère,
Plus d'un digne homme encor m'aime et me considère;
Que vingt maisons pour vous vont s'ouvrir à ma voix:
Je serais si fâché de faire un mauvais choix !
Si j'allais me tromper, voyez ma peine extrème....
Vous me reprocheriez....

TÉRIGNI.

Mais vous, soyez vous-même
Cet ami.

DABLANVILLE.

Moi, jeune homme, à peine je vous voi,
D'où vous vient cet excès de confiance en moi ?

TÉRIGNI.

N'êtes-vous pas l'ami de notre chère hôtesse ?

DABLANVILLE.

Oui.

TÉRIGNI.

L'ami de mon père ?

DABLANVILLE.

Autrefois.

TÉRIGNI.

La sagesse

B

Qui brille en vos discours décèle un bon esprit;
Vous étes honnête homme, et cela me suffit.

TÉRIGNI.

Si vous avez trouvé des amis faux, ingrats,
Croyez que Térigni ne leur ressemble pas.

DABLANVILLE.

Voilà précisément quel était leur langage;
Vous confondre avec eux serait vous faire outrage;
J'aime à le croire au moins; votre air, votre candeur
Ont un je ne sais quoi qui vous gagne le cœur:
Oui, du premier coup-d'œil, vous avez su me plaire;
Et, malgré mes sermens, je suis prêt à tout faire
Pour vous, je le sens trop.... Avec quelle chaleur
J'accepte sur-le-champ votre amitié; d'honneur,
Je ne reconnais plus déja mon caractère;
Cette démarche-là ne m'est pas familière;
Je ne me jette pas à la tête des gens.

TÉRIGNI.

J'en prise d'autant plus ces discours obligeans.

DABLANVILLE *comme se décidant*.

Au risque d'être encor trompé, je m'abandonne
Au charme qui m'entraîne; ah! j'ai l'ame si bonne!
Cette amitié d'ailleurs est un devoir pour moi;
Etre utile, en tout tems, fut ma première loi;
Si je vous refusais, je me croirais coupable.

TÉRIGNI.

Quel bonheur!

DABLANVILLE.

Un moment. C'est un lien durable
Qu'il s'agit de former. Il faut donc tous les deux,
Avant de nous lier, nous connaître un peu mieux.
Eh bien, demain passons ensemble la journée;
Qu'à parcourir la ville elle soit destinée;
Cependant, vous pourrez observer mon humeur.

TÉRIGNI.

Et de votre côté vous lirez dans mon cœur;

Je veux vous confier d'abord mon plan de vie.

DABLANVILLE.

A propos, n'allez pas parler, je vous en prie,
De notre liaison, ce soir.

TÉRIGNI.

Pourquoi ?

DABLANVILLE.

Pourquoi ?
Madame Saint-Alard croit qu'elle peut, sans moi,
Former nos jeunes gens : c'est une petitesse
Qu'il faut lui pardonner ; mais on vient, je vous laisse ;
Dans l'état où je suis je crains de me montrer :
A demain, jeune ami ; j'ose vous l'assurer,
Nous nous amuserons, sans excès, sans scandale ;
Et, mêlant au plaisir quelques traits de morale,
Sur les travers humains nous philosopherons.

TÉRIGNI *en lui tendant la main avec amitié.*
A merveille ! je vois que nous nous conviendrons.

DABLANVILLE.

N'est-il pas vrai ? Je sors.

(*Il sort.*)

SCENE IX.

TÉRIGNI, DUMONT, Mad. DUMONT, BEAUPRÉ.

Mad. DUMONT *parlant de dehors à Justine.*

Eh ! non, ma toute bonne,
Restez ; je ne veux pas qu'on dérange personne ;
Nous attendrons fort bien dans ce salon, je croi.

(BEAUPRÉ *entre, donnant la main à madame
Dumont, et Dumont les suit. Mad. Dumont appercevant Térigni, et lui faisant une courte révérence,
continue.*)

Mad. DUMONT.

Monsieur, je vous salue.

TÉRIGNI *très-embarrassé de sa contenance, et
cherchant cependant à se donner un air libre.*

Ah ! madame, c'est moi....

B 2

Mad. D u m o n t *à Dumont et à Beaupré, en
leur montrant Térigni.*

Le connaissez-vous?

B e a u p r é *toisant Térigni d'un air fort impertinent.*
Non.

D u m o n t *lorgnant Térigni sur le même ton
que Beaupré.*
Ni moi, je vous le jure.
C'est la première fois que je vois sa figure.

Mad. D u m o n t.
Il n'est pas mal tourné.

B e a u p r é.
Pas mal. L'air un peu sot.

D u m o n t *avec dédain.*
C'est tout neuf; vous voyez qu'il n'ose dire un mot.

(*Pendant tout ce colloque, l'embarras de
Térigni a redoublé.*)

Mad. D u m o n t *après un court silence.*
Il fait un bien beau tems.

D u m o n t.
Aussi les promenades
Étaient pleines, dieu sait!

B e a u p r é.
Mes chevaux sont malades.

Mad. D u m o n t.
Pauvres bêtes!

B e a u p r é.
J'en suis vraiment désespéré;
Dans Paris, tout le jour, je me suis vu cloîtré.

Mad. D u m o n t.
Madame Saint-Alard pare sa chère fille.

B e a u p r é.
Mais n'est-ce pas agir en mère de famille?
De son enfant vouloir rehausser les attraits!

Mad. D u m o n t.
Oui; mais c'est quelquefois ridicule à l'excès.

B e a u p r é.
C'est elle.

SCENE X.

LES PRÉCÉDENS, Mad. St.-ALARD, AGLAÉ,
FABRICE, SOPHIE.

*(Fabrice et Sophie sont mis plus élégamment
qu'à la première scène.)*

Mad. DUMONT *à mad. St.-Alard.*

VENEZ donc, venez donc, ma charmante ;
Votre fille aujourd'hui d'honneur est rayonnante.

Mad. St. - ALARD.

Pardon, je vous ai fait attendre quelque tems,

(En présentant Fabrice et Sophie.)

C'est mon neveu, ma nièce.

AGLAÉ.

Oui, de bien chers parens,

Mad. St. - ALARD *en montrant Térigni.*

Le jeune Térigni, notre pensionnaire.

DUMONT *avec le plus vif intérêt.*

Le fils de Térigni, ce grand propriétaire ;
Vraiment, je suis ravi de vous voir.

BEAUPRÉ *avec le même zèle.*

Enchanté
De pouvoir cultiver votre société.

TÉRIGNI *toujours embarrassé.*

C'est trop...

Mad. St. - ALARD *bas à Térigni.*

Ne quittez pas Aglaé, je vous prie ;
De cette attention elle sera ravie ;
Tous ces orginaux lui pèsent à mourir.

*(A demi voix à madame Dumont et aux autres,
mais assez haut pour que Fabrice l'entende.)*

Des parens ruinés qu'il me faut secourir :
Pour peu qu'on ait un cœur, c'est une jouissance
Que de tendre la main aux siens dans l'indigence.
Fabrice, à ces mots, a de la peine à dissimuler
son mécontentement.

B 3

BEAUPRÉ.

Le cœur, la bienfaisance, ah ! je vous reconnais ;
C'est bien rare à présent, et l'on ne vit jamais
Avec tant d'égoïsme, aussi peu de morale.
Savez-vous que la hausse aujourd'hui m'est fatale ?
Que je perds dix pour cent sur mes bons de trois-quarts ?

DUMONT.

Ah ! vous avez de quoi réparer ces hasards.

BEAUPRÉ.

Ma fortune se borne à celle de mes pères ;
Je tâche seulement d'arrondir quelques terres :
Le bon repas qu'hier nous fîmes chez Méot !
Quel vin ! quels entremets ! du gibier ! un turbot !
Au spectacle, le soir, j'ai ri du fond de l'ame.

FABRICE.

On jouait donc Molière ?

BEAUPRÉ.

Eh ! non ; c'était un drame,
Je crois ; je ne sais pas au vrai ce qu'on jouait ;
Pour affaires quelqu'un au foyer m'attendait.

Mad. DUMONT *toute joyeuse, à madame
Saint-Alard et à Aglaé.*

Vous ne savez pas ?

AGLAÉ *curieuse.*

Quoi ?

Mad. DUMONT.

La belle Dorothée.

Mad. ST.-ALARD *très-curieuse.*

Eh bien !

Mad. DUMONT.

Elle divorce.

Mad. ST.-ALARD.

Est-on plus effrontée ?

AGLAÉ.

C'est affreux ! En public à ce point s'afficher !

Mad. DUMONT.

Elle avait jusques-là pris soin de se cacher.

Mad. St. - Alard.

Son grand benêt d'époux enfin en est donc quitte.

Mad. Dumont *regardant amoureusement
son mari.*

A me conduire bien j'ai fort peu de mérite;
Nous fûmes mariés par inclination;
Et depuis, entre nous , point d'altercation ,
N'est-il pas vrai? tous deux, nous ne formons qu'une ame.
Le divorce à mes yeux à tel point est infâme!

Fabrice *à Mad. St.-Alard.*

Cette femme paraît bien aimer son époux.

Mad. St.-Alard *à Fabrice , se cachant pour lui
parler derrière son éventail.*

Mais elle aime encor mieux son amant, entre nous.

*Tous ces mots d'Aglaé et de Mad. St.- Alard dits der-
rière l'éventail, redoublent l'étonnement de Fabrice.
La stupéfaction et le dégoût se peignent de plus en
plus sur sa figure ; Térigni au contraire paraît
enthousiasmé des bons mots et des saillies de
mademoiselle Aglaé. L'attention qu'il lui prête ,
rend de plus en plus Sophie inquiète et pensive.*

Beaupré.

Le vice est aujourd'hui d'une impudence extrême ,
D'honneur.

Mad. St. - Alard *bas à Fabrice et à Térigni.*

L'entendez-vous? c'est cet amant lui-même.
N'en parlez pas.

Fabrice.

Pourquoi nous dire un tel secret?

Mad. St. - Alard.

Excepté le mari , tout le monde le sait.

Mad. Dumont *à Beaupré, avec l'empire
d'une femme aimée.*

Donnez donc un fauteuil, la fatigue m'accable;
J'ai le genre nerveux à tel point irritable.

A G L A É *à mad. Dumont avec intérêt.*
Ah! bon dieu, qu'avez-vous?

Mad. D U M O N T *à Aglaé, en lui serrant*
la main avec affection.

      Charmante, j'ai passé
Toute la nuit au bal, et j'ai toujours dansé;
Mon fils m'a réveillée à son heure ordinaire:
Nourrir est un devoir sacré pour une mère;
J'en conviens; mais aussi cela vous donne un mal!

F A B R I C E.
Comment, vous nourrissez, et vous allez au bal?

Mad. D U M O N T.
Quelquefois.

F A B R I C E.
Votre enfant?

Mad. D U M O N T.
      Il reste avec sa bonne,
Je sèvrerai bientôt; car tout cela me donne
Le teint pâle, abattu; moi, j'en mourrais, d'honneur.
Voyez, je suis déja changée à faire peur.

D U M O N T *à sa femme, avec intérêt.*
Songe, bien que tu dois conserver une vie
Précieuse à ton fils, comme à moi, tendre amie.
  (*Avec importance à Térigni.*)
J'ai connu vos parens autrefois. Oui, les biens
Qu'ils possédaient alors, étaient voisins des miens.
Qu'ils sont rares, hélas! les gens de leur espèce;
Car, chez qui voyons-nous aujourd'hui la richesse?
Chez de sots parvenus, chez des hommes de rien,
En débauches sans nombre épuisant tout leur bien:
Des bonnes mœurs, des arts, aucun ne se soucie.
D'un orgueil!

A G L A É.
   C'est unique; à quel point on s'oublie!

  (*Bas à Fabrice et à Térigni, toujours*
    derrière l'éventail.)

Le bruit court qu'autrefois lui-même il fut laquais.

D U M O N T.
Aussi nos gens sont-ils plus fripons que jamais.

A G L A É.

Ils veulent s'enrichir, ainsi qu'ont fait leurs maîtres.

D U M O N T.

Sans madame, un des miens sautait par mes fenêtres.

A G L A É *toujours derrière l'éventail.*

Il s'avise un peu tard d'être si délicat ;
Il a fait sa fortune aux dépens de l'état.

D U M O N T.

C'est que je n'aime pas du tout que l'on me vole.

A G L A É.

Mais il aime à voler les autres, lui.

D U M O N T.

Ce drôle
Qui ne peut, disait-il, vivre avec cent écus :
Il en avoit cinquante autrefois, tout au plus.

A G L A É *toujours de même.*

Avec un million, lui-même il fait des dettes.

B E A U P R É.

Corruption de mœurs, mon cher, des plus complettes :
Mais ne joûrons-nous pas ? le tems est précieux.

Mad. St. - A L A R D.

Oui-dà.
    (*A Térigni.*)
    Vous en serez.

T É R I G N I.

Je sais peu tous les jeux....

Mad. St. - A L A R D.

Ma fille les sait tous : mettez-vous avec elle
Dé moitié, pour ce soir.

L'inquiétude de Sophie augmente ; elle écoute avec
une avide curiosité.

T É R I G N I.

Oui, si mademoiselle
Y consent.

A G L A É *d'un ton moitié modeste et moitié agaçant.*

Volontiers.

TÉRIGNI *avec galanterie.*

Il me sera bien doux
De suivre vos leçons.

BEAUPRÉ.

Eh bien donc , venez-vous ?

Mad. DUMONT *à mad. St.-Alard en s'en allant.*
Votre fille a vraiment une mise divine !

Beaupré offre la main à madame Dumont. Dumont offre la main d'un côté à madame St.-Alard , de l'autre à mademoiselle Aglaé qui semble piquée de ce que Térigni ne lui offre pas la sienne , et qui sort en prolongeant sur lui un regard expressif. Tous sortent. Térigni va pour les suivre. Sophie le retient.

SCÈNE XI.
TÉRIGNI, SOPHIE, FABRICE.

SOPHIE.
Vous les suivez. Un mot.

TÉRIGNI.
Mais....

SOPHIE.

Avec ma cousine
Vous allez donc jouer ?

TÉRIGNI.

Cela vous fâche.

SOPHIE.

Non ;
Vous l'écoutiez avec beaucoup d'attention.

FABRICE *encore stupéfait.*
Parmi tous ces gens-là , que d'orgueil , d'impudence !
Quel oubli des devoirs ! et quelle extravagance !
Et ma tante toujours parlant de ses bienfaits !
(*A Térigni.*)
Et toi, qui jurais tant de ne jouer jamais !

SOPHIE.
Moi qui de votre amour tantôt étais bien sûre,
Je crains tout à présent ; ses charmes , sa parure .

Et ses mots à l'oreille, et ses coups-d'œil secrets :
Vous m'oublirez bientôt, moi, sans art, sans apprêts,
Et qui n'ai pas l'esprit de me moquer des autres.

T É R I G N I avec douceur à Sophie.

Quelles fausses terreurs, ma chère, sont les vôtres !

(Avec un peu d'humeur, à Fabrice.)

Je n'ai rien vu non plus de tout ce que tu dis :
Mais ne nous faisons pas attendre.

F A B R I C E.

Je te suis ;

Mais, juste ciel! combien ma surprise est profonde!
Etes-vous ainsi fa ts, honnêtes gens du monde ?
S'il faut juger de tous, par ceux que nous voyons;
Tous leurs honnêtes gens sont-ils donc des fripons?

Fin du premier Acte.

ACTE SECOND.

Cet Acte et les suivans se passent le lendemain matin.

SCÈNE PREMIÈRE.

DABLANVILLE *un peu mieux mis que la veille;* TÉRIGNI *en robe-de-chambre.*

(*Dablanville va frapper doucement à la porte de l'appartement de Térigni qui se trouve sur un des côtés du théâtre; Térigni ouvre.*)

TÉRIGNI.

Ah, c'est vous!

DABLANVILE.
J'attendais avec impatience
Votre réveil, ami.

TÉRIGNI.
Mais, quelle prévenance !

DABLANVILLE.
Je n'en puis trop avoir. Qu'êtes-vous devenu
Hier, en me quittant?

TÉRIGNI.
J'ai joué, j'ai perdu.

DABLANVILLE.
Voilà ce que j'ai craint.

TÉRIGNI.
Oh ! perte supportable.

DABLANVILLE.
Ce n'est pas que le jeu ne soit fort agréable,
Quand il est modéré. Vous avez bien dormi?

TÉRIGNI.
Très-bien.

DABLANVILLE.
J'en suis charmé. Quant à moi, jeune ami,

Je me suis occupé toute la matinée
Des moyens d'employer, comme il faut, la journée.
Les plaisirs ont perdu tout leur charme à mes yeux ;
Mais je sais qu'à votre âge on en est amoureux :
Au goût des jeunes gens il faut bien qu'on se prête ;
Et sans regret, pour vous, je sors de ma retraite.
Un carosse d'abord est à nous tout le jour,
Et de Paris ainsi nous ferons tout le tour :
Par le cher Tortoni notre course commence ;
C'est pour le chocolat l'homme par excellence :
Nous partons, et de là nous visitons jardins,
Promenades, cafés, boutiques, magasins;
C'est à Paris qu'on a vraiment ce qu'on souhaite :
Sans doute vous avez à faire quelqu'emplette ?
N'achetez rien sans moi ; je connais les marchands
Les plus achalandés, les plus honnêtes gens ;
Et d'eux comme de moi je réponds ; c'est tout dire :
Mais vous êtes ici sur-tout pour vous instruire.
Aussi me suis-je bien gardé de l'oublier.
Vos plaisirs ne m'ont pas occupé tout entier ;
Je vous ai donc choisi des hommes de mérite,
Que, pour leur art, en France, avec honneur on cite :
Demain, maître à danser, et maître d'allemand ;
Après demain, d'escrime, et d'anglais et de chant.
Un savant, mon ami, dirigeant vos lectures,
Doit vous donner au mois livres nouveaux, brochures :
Il a tout des premiers ; car il fait un journal.

T É R I G N I.

Oui ; mais n'oublions pas l'article principal.

D A B L A N V I L L E.

Vous êtes à Paris pour les mathématiques,
Je le sais ; nous avons les écoles publiques ;
Et ce vieil officier que vous nommez ?

T É R I G N I.

Clermont.

D A B L A N V I L L E.

Si, dans cette science, il est vraiment profond,
C'est ce que d'un coup-d'œil je saurai reconnaître ;
Nous pourrons le garder alors pour votre maître :
A propos, aimez-vous à monter à cheval ?

T É R I G N I.

Mais, oui ; sans vanité, je ne m'y tiens pas mal.

DABLANVILLE.

Nous irons promener demain à Bagatelle ;
C'est des chevaux anglais le rendez-vous fidèle :
Vous aimez la musique ?

TÉRIGNI.
Oui, beaucoup.

DABLANVILLE.
A Feydeau,
Je veux vous faire voir cet opéra nouveau.

TÉRIGNI.
Les vers ont toujours fait le charme de ma vie ;
J'ai même, en ce moment, un plan de tragédie.

DABLANVILLE.

De tous nos jeunes gens ordinaire début :
J'ai des amis discrets, connaisseurs, s'il en fut ;
Je vous présenterai.....

TÉRIGNI.
Vous me rendrez service :
Moi, je veux vous lier avec le cher Fabrice ;
C'est mon ami.

DABLANVILLE.
Dès-lors, il est le mien déja.

TÉRIGNI.
Je vois que dans Paris rien ne me manquera.
Madame Saint-Alard et sa charmante fille
Sont aimables au moins. D'esprit elle pétille,
Cette chère Aglaé ; ne le trouvez-vous pas ?

DABLANVILLE *avec beaucoup d'apprêt.*
Cette maison pour vous a donc bien des appas ?

TÉRIGNI.
Oui, sans doute.

DABLANVILLE.
Pour vous, sur-tout, je la regrette.

TÉRIGNI.
Quoi ! vous la quitteriez ?

DABLANVILLE.
C'est une affaire faite.

T É R I G N I.

Et c'est au moment même où nous nous connaissons,
Qu'il faut nous séparer.

D A B L A N V I L L E.

Oh! nous nous reverrons.

T É R I G N I.

Songez qu'à chaque pas vous m'êtes nécessaire.

D A B L A N V I L L E.

Il n'est rien que pour vous je ne sois prêt à faire.
Mais je n'avais ici qu'une chambre du haut,
Ce logement n'est pas du tout ce qu'il me faut;
Ce qui me conviendrait vraiment, c'est le troisième:
Il est vacant, petit, simple, c'est ce que j'aime.

T É R I G N I.

Que ne le prenez-vous?

D A B L A N V I L L E.

Il est trop cher pour moi.
Ce n'est pas l'embarras, on me paîra, je croi,
Sous quinze jours; alors je le prendrai sans doute.
Je pourrais emprunter : démarche qui me coûte.
A mes amis, je crains si fort d'être importun;
Hélas! entr'eux et moi, jadis tout fut commun.

T É R I G N I.

Ah! ne m'enlevez pas le plaisir si facile
De pouvoir à mon tour, ami, vous être utile.

D A B L A N V I L L E.

Plaît-il? vous prétendez...

T É R I G N I.

Si vous me refusez,
Puis-je accepter les soins que vous me proposez?
Mes intérêts seront plus blessés que les vôtres,
Si cet appartement est occupé par d'autres.

D A B L A N V I L L E.

J'entends; mais pensez donc... D'ailleurs il est bien tard,
J'ai déjà pris congé.

T É R I G N I.

Madame Saint-Alard
Se félicitera de vous garder chez elle,
Et c'est moi qui lui veux en porter la nouvelle.

DABLANVILLE.

Vous savez pratiquer l'amitié, je le voi ;
Mais puis-je...

TÉRIGNI.

On vient. C'est elle.

DABLANVILLE.

Au moins, c'est malgré moi.

TÉRIGNI.

Je me charge de tout.

SCÈNE II.

LES PRÉCÉDENS., Madame SAINT-ALARD.

Mad. St.-ALARD.

Que vois-je ? Dablanville
Avec vous !

TÉRIGNI.

Oui, madame, un homme fort utile,
Mon ami.

Mad. St.-ALARD.

Votre ami !

TÉRIGNI.

Qui voulait nous quitter ;
Mais je sais les moyens de le faire rester.

Mad. St.-ALARD.

Je ne puis revenir de ma surprise extrême.

TÉRIGNI.

Vous avez un petit logement au troisième.

Mad. St.-ALARD.

Que tout-à-l'heure on est venu me demander.

TÉRIGNI.

Et moi, pour notre ami, je songe à le garder.

Mad. St.-ALARD.

Comment ! mais le loyer....

TÉRIGNI *à demi-voix*.

Chut, j'en fais mon affaire,
Trop heureux d'obliger un ami de mon père.

Mad. S<small>T</small>.-A<small>LARD</small> *de plus en plus surprise.*
Quoi!...
      (Tirant à part Térigni.)
Souffrez avec vous que je cause un instant.

D<small>ABLANVILLE</small> *passant entre deux.*
Mon ami, la voiture est là qui nous attend,
Et vous n'êtes pas prêt !

Mad. S<small>T</small>. - A<small>LARD</small>.
      Et vous sortez ensemble !

(Voulant toujours tirer à part Térigni.)
Écoutez-moi.

T<small>ÉRIGNI</small>.
      Pardon. Paris, dit-on, rassemble
Mille trésors divers, mille objets précieux ;
Il s'offre à contenter mes desirs curieux.

  (A mad. St.-Alard.)   *(A Dablanville.)*
Ah ! ça, tout est conclu. Vous gardez le troisième :
Attendez-moi ; je suis à vous dans l'instant même.

      (Il sort.)

SCÈNE III.

M<small>ADAME</small> SAINT - ALARD, DABLANVILLE.

D<small>ABLANVILLE</small> *regardant aller Térigni avec intérêt.*
Bon jeune homme, il n'est pas de cœur comme le sien.

    (Avec importance, en se rapprochant
      de mad. Saint-Alard.)
Vous ne vous doutiez pas que nous fussions si bien.

Mad. S<small>T</small>. - A<small>LARD</small> *stupéfaite.*
En moins d'un jour s'en être emparé de la sorte !

D<small>ABLANVILLE</small>.
Vous ne me parlez plus de me mettre à la porte.

Mad. S<small>T</small>. - A<small>LARD</small>.
Courage ; à mes dépens, allons, égayez-vous.

D<small>ABLANVILLE</small>.
De la belle Aglaé quand devient-il l'époux ?

                          C

Mad. St.-ALARD.

Plaît-il ?

DABLANVILLE.

Mais oui, sur lui, n'avez-vous pas d'avance,
Tendre mère, formé des projets d'alliance ?

Mad. St.-ALARD.

Eh ! quand cela serait, qui pourrait m'en blâmer ?

DABLANVILLE.

Un tel plan doit vous faire encor plus estimer ;
Une femme qui cherche à marier sa fille !
Cher et dernier devoir des mères de famille.

Mad. St.-ALARD.

D'autres ont des projets beaucoup moins innocens.

DABLANVILLE.

Prenez donc garde ; on peut avoir besoin des gens.
Il est à moi ; sur lui vous voyez mon empire ;
Croyez-moi, nous pouvons nous aider, ou nous nuire :
Aidons-nous.

Mad. St.-ALARD.

Vous aider ! on peut ouvrir les yeux
De ce jeune homme.

DABLANVILLE.

Eh ! non rien de plus dangereux ;
Sur moi, s'il vous échappe une vérité dure,
Je prendrai ma revanche alors avec usure :
A votre âge, ignorer ainsi vos intérêts !
Nous n'avons tous les deux que d'honnêtes projets ;
Vous convoitez un gendre, et moi je cherche à vivre.
Voyons de bon accord quelle marche il faut suivre.

Mad. St.-ALARD *moitié fâchée, moitié en riant.*
Le fourbe, comme il met les choses à profit !

DABLANVILLE.

Mais convenez que j'ai vraiment un bon esprit.
Quelque rancune enfin pourrait m'être permise ;
Hier vous me chassiez avec une franchise....
Il répugne à mon cœur de bouder mes amis.
Ah ça, de bonne foi, nous voilà donc unis ?

Mad. St.-ALARD.

La bonne foi toujours fut dans mon caractère.

DABLANVILLE.

Je le sais ; moi, je crois notre union sincère :

Nous avons intérêt à ne pas nous tromper.

Mad. St. - A l a r d *avec confiance.*
Aux charmes d'Aglaé pourra-t-il échapper?

D a b l a n v i l l e.
Impossible : quelle est cette jeune personne
Arrivée avec lui?

Mad. St. - A l a r d.
Ma nièce.
D a b l a n v i l l e.
Je soupçonne
Qu'il nous cache pour elle un tendre attachement.

Mad. St. - A l a r d.
Vous aurait-il déja confié?...

D a b l a n v i l l e.
Non, vraiment;
Sur elle il a gardé le plus profond silence.

Mad. St. - A l a r d.
Oh ! ce n'est tout au plus qu'une amitié d'enfance;
Ma fille vaut bien mieux : c'est une vérité
Qu'on peut lui faire entendre; et moi de mon côté....

D a b l a n v i l l e.
Oh ! je ne taxe pas votre reconnaissance.

Mad. St. - A l a r d.
Comment?
D a b l a n v i l l e.
Je m'en rapporte à votre conscience.
Le bien environner est un point important:
D'un ami de son père il parlait à l'instant;
Clermont?

Mad. St. - A l a r d *très-effrayée.*
Ciel ! jusqu'ici nous suivrait-il encore?
Ce Clermont n'a-t-il pas un fils?

D a b l a n v i l l e.
Mais je l'ignore.
Mad. St. - A l a r d.
C'est lui, n'en doutons pas; qu'il n'entre pas ici.

D a b l a n v i l l e.
Permettez donc, il sait en ces lieux Térigni;

Serait-il bien prudent de lui fermer la porte ?
Il pourrait soupçonner...

Mad. St. - A l a r d.
Au moins faisons en sorte
Qu'il ne puisse entrevoir ni ma fille ni moi.

D a b l a n v i l l e.
Fort bien ; mais, s'il vous plaît, d'où vous vient cet effroi ?

Mad. St. - A l a r d.
Cet effroi ; point du tout, et je n'ai rien à craindre ;
Mais de cet homme-là j'ai sujet de me plaindre.
Un philosophe, un ours, sans éducation ;
Instruit, si vous voulez ; mais du plus mauvais ton ;
Qui nous nuirait beaucoup. Empêchez qu'il ne puisse
Dominer Térigni.

D a b l a n v i l l e.
Bon ; le petit Fabrice ?

Mad. St. - A l a r d.
Autre sot dont il faut le détacher aussi.

D a b l a n v i l l e.
Alors il est à nous tout entier. Le voici ;
Tenez votre parole et je tiendrai la mienne.

S C E N E   I V.

Madame SAINT - ALARD, DABLANVILLE,
TÉRIGNI habillé.

T é r i g n i.
Pour courir, croyez-vous que cet habit convienne ?

D a b l a n v i l l e.
Oui, fort bien. Nous parlions de l'aimable Aglaé.

T é r i g n i.
Bien aimable en effet.

Mad. St. - A l a r d.
Je vous ai confié
Ce que je crains pour elle, honnête Dablanville.

T é r i g n i.
Quoi donc ?

Mad. St. - A l a r d.
Que de long-tems son cœur ne soit tranquille.

D A B L A N V I L L E.

Qu'importe, si son choix, digne amie, est heureux ?
Songez plutôt combien il vous est glorieux
De voir en elle, avec tant d'attraits et de graces,
Tant de zéle à marcher constamment sur vos traces.
La voici. Cet éloge est-il exagéré ?

Mad. St. - A L A R D.

Que devant elle au moins il soit plus modéré.

S C E N E V.

LES PRÉCÉDENS, AGLAÉ.

T é r i g n i *à Dablanville.*

Je la trouve, aujourd'hui, mon cher, encore plus belle..

Mad. St. - A l a r d *à sa fille.*

Que venez-vous chercher ici, mademoiselle ?

A g l a é.

Ma mére, je venais....

Mad. St. - A l a r d.

Eh bien, elle rougit,
Et l'on dirait qu'elle a pleuré toute la nuit ;
Depuis hier vraiment elle n'est plus la même :
Qu'as-tu donc, mon enfant ? tu sais combien je t'aime.

A g l a é.

Et croyez que je porte un cœur reconnaissant.

Mad. St. - A l a r d.

Parle-moi ; ton chagrin en sera moins cuisant...

(*Comme surprenant des regards d'intelligence entre Aglaé et Térigni, et voulant rompre la conversation.*)

Mais, messieurs, vous avez à courir dans la ville ;
Rentrons : l'appartement est à vous, Dablanville.

A g l a é *étonnée.*

Quoi ! pour lui tant d'égards ?...

Mad. St. - A l a r d *l'interrompant.*

Honnête et malheureux,
Dablanville est sans doute estimable à vos yeux ;

C 3

Car en vous de tout tems on a su reconnaître
Un cœur sensible.

A G L A É.

Ah! oui; trop sensible peut-être.

Mad. St. - A L A R D.

Plaît-il?... Retirons-nous, ma fille. Ah! Térigni,
Je me félicitais de vous loger ici;
Je n'aurai pas sujet de m'en plaindre, j'espère;
Mais hélas! excusez les craintes d'une mère.

(*Elle sort avec sa fille.*)

S C E N E V I.
TÉRIGNI, DABLANVILLE.

T É R I G N I.

QU'ENTEND-ELLE par là?

D A B L A N V I L L E *ricanant.*

Soyez de bonne foi,

Un tel langage est clair pour vous comme pour moi.
Comme elle vous fixait en sortant, la petite!
Et sa mère à nos yeux qui la soustrait bien vite!
Jusqu'à présent j'avais admiré sa froideur:
Il ne faut qu'un instant pour décider un cœur.

T É R I G N I.

Vous croyez...

D A B L A N V I L L E.

Qu'on vous aime.

T É R I G N I.

Allons donc.

D A B L A N V I L L E.

Les novices

Peuvent seuls se méprendre à de pareils indices.

T É R I G N I

Peut-être vous m'allez taxer de vanité;
De croire à cet amour je fus souvent tenté.

D A B L A N V I L L E.

Ah! vous l'aviez donc vue?

T É R I G N I.

Au pays, chez sa tante.

DABLANVILLE.

Ah ! sa conduite alors devient moins surprenante.

TÉRIGNI.

Savez-vous qu'elle est bien ?

DABLANVILLE.

Grâces, vertus, appas.

TÉRIGNI.

Ainsi, vous l'estimez beaucoup ?

DABLANVILLE.

J'en fais grand cas.

TÉRIGNI.

Moi de même.

DABLANVILLE.

L'estime est loin de la tendresse.

TÉRIGNI.

Oui ; mais...

DABLANVILLE.

Pauvre Aglaé ! son état m'intéresse.

TÉRIGNI.

C'est Fabrice ; changeons, s'il vous plaît, d'entretien.

SCÈNE VII.

LES PRÉCÉDENS, FABRICE.

TÉRIGNI *allant au-devant de Fabrice.*

C'est toi ; tu vois l'ami de ta tante et le mien ;
Un homme avec lequel je te réponds d'avance
Que tu seras charmé de faire connaissance.

(*A Dablanville.*)

Entre nous deux vos soins peuvent se partager.

DABLANVILLE.

Il suffit que cela puisse vous obliger.

TÉRIGNI.

C'est que tu ne peux pas l'imaginer, Fabrice,
Combien un tel ami peut nous rendre service ;
C'est un homme formé par l'âge et le malheur,
Bien fait par son esprit, par son excellent cœur,
Son savoir éminent, sa sagesse profonde,
Pour guider un jeune homme arrivant dans le monde.

FABRICE.

Et comment tant d'esprit, de vertu, de talent
Se trouve-t-il connu par toi dans un instant?

DABLANVILLE.

Par excés d'amitié le jeune homme me flatte;
Je vois avec plaisir qu'il n'a pas l'ame ingrate.

FABRICE.

Et comment, par les nœuds d'une étroite amitié,
Avec lui, tout-à-coup, vous trouvez-vous lié?

DABLANVILLE.

Si par de longs chagrins mon humeur est aigrie,
Mon cœur est jeune encor. C'est une sympathie
Que je ne conçois pas, qui soudain m'a séduit;
Le même attrait vers moi l'avait déja conduit,
Et c'est le fondement d'une amitié durable.

FABRICE.

Quoi, pour un inconnu que je crois estimable,
Se prendre tout-à-coup de belle passion!
Mais chaque mot ajoute à ma confusion :
De ce pays, bon dieu, que les mœurs sont étranges!

DABLANVILLE *un peu piqué*.

Je ne demande pas, jeune homme, vos louanges;
Mais soyez moins léger à condamner les gens,
Sur-tout ceux que leur âge a dû rendre prudens;
Du monde voulez-vous bannir la confiance?

TÉRIGNI.

D'un jeune homme daignez excuser l'ignorance.

DABLANVILLE.

Je l'excuse; j'ai cru lui devoir cet avis,
Je dis la vérité toujours à mes amis.

TÉRIGNI.

Tu l'entends; avec lui jamais de flatterie.

DABLANVILLE.

Jamais.

FABRICE.

Mais, permettez que je me justifie...

DABLANVILLE.

De quoi ? Les jeunes gens ne sont pas obligés...
Votre surprise annonce un cœur sans préjugés...
Et je suis si jaloux d'acquérir votre estime...
La probité, l'honneur, voilà ce qui m'anime...
Et... nous en parlerons, mon cher, en d'autres tems ;
Car nous avons à voir, ce matin, des marchands,
Tout Paris ; c'est qu'il est d'une haute importance
Qu'avec des gens instruits il fasse connaissance.
Vous entendez fort bien que les hommes fameux
De moi sont tous connus ; il en est sur-tout deux,
L'un, guerrier réformé, c'est le brave Derlange ;
L'autre, Favel l'auteur : il écrit comme un ange.

TÉRIGNI.

Mais Fabrice, je crois, peut nous accompagner ?

DABLANVILLE.

Sans doute ;... mais alors il faudra nous gêner ;
Le carosse est étroit, et tient juste deux places.

FABRICE.

Quand il en tiendrait plus, je vous rends mille grâces ;
Je ne veux aujourd'hui sortir qu'avec ma sœur.

TÉRIGNI *troublé à ce dernier mot.*

Avec ta sœur ! Pardon ; crois qu'au fond de mon cœur
Son image aujourd'hui s'est déja retracée ;
Mais tant de soins divers occupent ma pensée.

FABRICE.

Tu ne partiras pas sans lui dire bon jour.

DABLANVILLE.

Mon ami la verra sans doute à son retour ;
Pourquoi la déranger ? elle est à sa toilette,
Et si nous voulons faire une course complète...

FABRICE.

Passe au moins chez Clermont ; il ne serait pas bien
D'oublier...

DABLANVILLE.

Ce fameux mathématicien ;
Mais se conduisit-on jamais de cette sorte ?
Chez ce Clermont pourquoi faut-il qu'il se transporte ?

C'est au maître à venir chercher son écolier ?

FABRICE.

J'aurais cru le contraire.

TÉRIGNI.
Oh! j'irai volontier.
Sans doute; mais demain. Tu vois, le tems nous presse,
Et dans mon autre habit j'ai laissé son adresse.

SCENE VIII.
LES PRÉCÉDENS, CLERMONT.

CLERMONT.

Le jeune Térigni loge en ces lieux, je croi;
Faites-moi le plaisir de m'indiquer...

TÉRIGNI.
C'est moi.

CLERMONT.

Vous; touchez-là, mon cher, et que je vous embrasse.

TÉRIGNI.

Je ne sais...

CLERMONT.

Attendez, que je vous voie en face;
Oui, de mon pauvre ami voilà bien tous les traits;
Sur l'algèbre avec lui comme je disputais !

TÉRIGNI.

Comment?

CLERMONT.

Je fus, trente ans, l'ami de votre père,
Et je serai bientôt celui du fils, j'espère:
On me nomme Clermont.

TÉRIGNI.
Clermont! Je suis ravi
De vous voir.

FABRICE.
Dès long-tems, ami de Térigni,
Je brûle aussi de faire avec vous connaissance.

DABLANVILLE.

Ah! voilà ce Clermont, fameux par sa science.

CLERMONT *à Fabrice.*

Fabrice est votre nom ; madame Térigni
M'annonçait à-la-fois son fils et son ami :
J'aurais bien attendu chez moi votre visite ;
Mais ne vous voyant pas, ma foi j'accours bien vîte ;
Je n'ai pu résister à mon empressement.

DABLANVILLE.
Et cette attention le flatte infiniment ;
Vous auriez pu venir un peu plus tôt peut-être.

CLERMONT.
Plus tôt !

DABLANVILLE.
   Oui.

CLERMONT.
    Je n'ai pas l'honneur de vous connaître,
Vous.

DABLANVILLE.
   Moi, je vous connais de réputation.

TÉRIGNI.
Avec mon père il eut quelque relation.

CLERMONT.
Cela se peut. Parlons de votre aimable hôtesse ;
Ne pourrais-je la voir ?

DABLANVILLE.
    Pour affaire qui presse,
Elle devait sortir, et même pour long-tems.

CLERMONT.
Ah ! tant pis. Votre mère, en termes fort pressans,
A moi vous recommande ; a-t-elle donc pu croire
Que Térigni jamais sortît de ma mémoire ?
De mon meilleur ami n'êtes-vous pas le fils ?
Tant qu'il vivra, corbleu ! Clermont vous est acquis.

TÉRIGNI.
Je suis on ne peut plus touché....

DABLANVILLE *bas à Térigni.*
    Le tems se passe.

TÉRIGNI *bas à Dablanville.*
Oui ; mais comment...

DABLANVILLE *bas à Térigni.*
    Deux mots, et je vous débarrasse.

(*Haut à Clermont.*)
Honnête homme, souffrez que je m'unisse à vous ;
Développons son cœur et dirigeons ses goûts.
J'entends de tous côtés vanter votre science ;
Mais permettez, plusieurs sont retenus d'avance :
Pour vos leçons quel jour, s'il vous plaît, prendrons-nous ?

CLERMONT.

Pour mes leçons ! quel jour ! Pour qui me prenez-vous ?

DABLANVILLE.

Oh ! ne vous fâchez pas.

TÉRIGNI.

Bon dieu, quel ton sévère !

FABRICE.

Faut-il absolument te flatter pour te plaire ?

CLERMONT.

Lorsque je viens, d'après le vœu de vos parens,
Jeune homme, vous offrir mon amitié, mon tems,
A me voir bien reçu j'avais droit de m'attendre.

DABLANVILLE *bas à Térigni.*

De lui seul on dirait que vous devez dépendre ?

CLERMONT.

Vous-même, répondez.

DABLANVILLE *bas à Térigni.*

Mais quel ton exigeant !
Voulez-vous qu'il vous mène encor comme un enfant !

TÉRIGNI.

Non, certe.

FABRICE.

Il a raison, j'approuve sa colère.

TÉRIGNI.

Je sais bien qu'en tout point tu me seras contraire.

CLERMONT.

Mon ton est un peu dur, j'en conviens ; mais pourquoi,
Quand je m'adresse à vous, cet air sec avec moi ?
Pourquoi ne me parler que par un interprète ?
Vous m'êtes déja cher, et je vous le répète :
Votre mère, de vous, fait un portrait charmant ;
Ne le démentez pas dès le premier moment.

DABLANVILLE *prévenant Térigni qui allait répondre.*

Ne perdons pas de tems, mon ami, l'heure avance ;
Nous n'avons pas voulu du tout vous faire offense ;
Mais dans ce moment-ci, nous sommes si pressés :
Mille pardons, ce soir, ou demain repassez ;
J'aime à croire qu'alors nous pourrons nous entendre.

CLERMONT.

Vous sortez ?

DABLANVILLE.

Il le faut.

FABRICE.

Ne peux-tu pas attendre ?

DABLANVILLE.

Pas possible, d'honneur.

TÉRIGNI *à Clermont.*

De grâce, excusez-moi,
Je vous laisse tous deux.   (*A Fabrice.*)
Et je compte sur toi
Pour lui faire sentir...

DABLANVILLE *en confidence à Clermont.*

C'est que, lorsqu'il arrive,
La curiosité d'un jeune homme est si vive ;
Comme il sait que je suis répandu dans Paris,
Peut-être, il me préfère à ses autres amis :
Pour ne pas excuser une telle conduite
Vous avez trop de sens. Serviteur, je vous quitte.

TÉRIGNI *à Clermont, tout en se laissant*
entraîner par Dablanville.

Vous viendrez donc ce soir ; mais non, chez vous j'irai ;
Si j'eus un tort, bientôt il sera réparé.
Mille excuses encor ; sans adieu, cher Fabrice.

(*Il sort avec Dablanville.*)

FABRICE *le suivant jusqu'à la porte.*

Un moment serait-il un si grand sacrifice ?

CLERMONT.

Bon, le voilà bien loin.

SCENE IX.

CLERMONT, FABRICE.

FABRICE.

AUTANT que vous, surpris...

CLERMONT.

Cette mère me fait l'éloge de son fils !

FABRICE.

Ah ! d'un tel procédé son cœur n'est pas coupable ;
J'en accuse cet homme empressé, serviable,
Qui, pour mieux s'en saisir, semble l'avoir guetté.

CLERMONT.

Il paraît qu'il n'a pas bien long-tems résisté.

FABRICE.

Mais vous le reverrez bientôt tel qu'il doit être ;
Vous seul alors serez et son guide et son maître :
Le père fut long-tems au rang de vos amis,
Vous ne pouvez donc pas abandonner le fils.

CLERMONT.

L'abandonner ! jamais ; mais il me contrarie,
Cet homme qui le tient ; quel est-il, je vous prie ?

FABRICE.

Je ne sais ; moitié fier, et moitié patelin ;
Il parle probité, vertu....

CLERMONT.

C'est un coquin.

FABRICE.

Vous croyez ? Ah ! sauvons Térigni d'un tel piége.

CLERMONT.

Oui, ventrebleu ! je m'offre à diriger le siége.

FABRICE.

Et je ne doute pas que nous ne l'emportions ;
Mais expliquez-moi donc ces contradictions,
Cher Clermont ; tirez-moi de ma surprise extrême.
Ce que j'ai déja vu du monde est un problême :
Hier on nous annonce un grand cercle formé
De tout ce que Paris a de plus renommé.

On s'embrasse, on s'étouffe à force de tendresse,
Et, tout bas, on médit de celui qu'on caresse ;
En avouant des traits durs, avides, honteux,
On se dit bienfaisant, sensible, généreux :
Pourquoi, déja si loin de ce qu'ils devraient être,
Ne sont-ils même pas ce qu'ils veulent paraître ?
Cet homme accourt, se dit notre ami. Le flatteur
Semble mettre sa joie à nous gâter le cœur.

CLERMONT.

Vous n'avez pas tout vu, jeune homme. Dans ce monde,
Presqu'aussi générale, hélas ! qu'elle est profonde,
La fausseté préside aux conversations,
Dirige les discours, règle les actions,
Et cette fausseté se nomme politesse :
Vous ne présumiez pas qu'on se trompât sans cesse ;
Vous ignorez la langue et les mœurs du pays.
Pour bien saisir le sens de ces discours polis,
Apprenez à traduire avec intelligence
Ce qu'un homme vous dit, mon cher, en ce qu'il pense ;
Or, tout en n'agissant que pour son intérêt,
Sur un pareil motif chacun est fort discret.
Il en résulte donc qu'on ne se trompe guéres,
En traduisant toujours les mots par leurs contraires.

FABRICE.

Ainsi donc, tel qui dit s'immoler pour autrui...

CLERMONT.

Cherche à sacrifier tous les autres à lui.

FABRICE.

A louer votre esprit tel qui toujours s'occupe...

CLERMONT.

Ne voit en vous qu'un sot dont il fera sa dupe.

FABRICE.

Dans ce dédale obscur ne m'abandonnez pas ;
Je m'y perds, si quelqu'un n'y dirige mes pas.

CLERMONT.

Eh bien donc, si mon âge et mon expérience
Me donnent quelques droits à votre confiance,
Ce que je puis savoir je vous l'enseignerai.
Les leçons, les conseils que je vous donnerai
Sont ceux que je répète à mon fils, à ma fille ;
Je vous traite déja comme de la famille :

Puissai-je ainsi traiter, avant peu, Térigni;
Mais cependant, avec votre imprudent ami,
Je m'étais arrangé pour passer la journée:
Dans ma société, quoiqu'elle soit bornée,
On peut trouver encor d'utiles agrémens.
Sans doute vous brûlez de voir les monumens,
Les dépôts précieux des arts et des sciences,
De cette ville enfin les richesses immenses;
Je m'offre à vous les faire admirer avec fruit;
Car si je ne suis pas moi-même fort instruit,
J'ai quelques liaisons aimables et savantes.
Nous allons commencer par le jardin des plantes:
N'y consentez-vous pas?

FABRICE.

Sans doute, et de grand cœur.
Mais avec nous, je crois, je puis mener ma sœur?

CLERMONT.

Parbleu! la promenade en devient plus complète.

FABRICE.

Pauvre sœur, plus que moi, Térigni l'inquiète.

CLERMONT.

Ils s'aiment en effet?

FABRICE.

Dès leurs plus jeunes ans.
Térigni l'aime encor; l'aimera-t-il long-tems?
Devant ma sœur toujours j'affecte un air tranquille:
Je tremble, au fond du cœur, car il est si facile.

CLERMONT.

Dans le monde, à cet âge, au milieu des flatteurs,
Un amour pur a peu d'empire sur les cœurs:
Mon fils m'a trop appris, par sa folle tendresse,
Jusqu'à quel point où peut égarer la jeunesse:
Une fille et sa mère, avec de beaux dehors,
Avaient su le gagner.

FABRICE.

Juste ciel! quels rapports!
Pour Térigni sachez d'où naît mon épouvante.
Une femme.... Faut-il la nommer ma parente?

Oui, ma cousine....

CLERMONT.
Eh bien ?

FABRICE.
Mais j'apperçois ma sœur.

CLERMONT.
Chut, de la pauvre enfant respectons la douleur ;
Vous me mettrez au fait ; et contre la cousine,
S'il le faut, nous ferons jouer plus d'une mine.

SCENE X.
LES PRÉCÉDENS, SOPHIE.

FABRICE.
MA sœur, voici Clermont, ce respectable ami
Dont nous parlait toujours le père Térigni.

SOPHIE.
J'éprouve, en le voyant, un plaisir bien sincère.

CLERMONT.
Et moi de même.

SOPHIE.
Eh bien, il est parti, mon frère.

FABRICE.
Mais, avant de partir, il m'a parlé de toi.

SOPHIE.
Vraiment ; a-t-il daigné songer encore à moi ?
J'admire, en vérité, ton heureux caractère :
Térigni nous oublie enfin, la chose est claire,
Et tu le vois avec une tranquillité !

CLERMONT.
Que j'aime son dépit et sa naïveté !

SOPHIE.
Pour la belle Aglaé, tenant sa bourse ouverte,
Au jeu, comme il a pris pour lui toute la perte !
Il faut qu'il ait bien peu de cœur pour recevoir...
A table où, tout près d'elle, on prit soin de l'asseoir ;
N'as-tu pas remarqué comme, avec complaisance,
Ma tante, d'Aglaé vantait le chant, la danse ?

D

A peine eut-on soupé, qu'il fallut l'écouter.

FABRICE.

Mais, à ton tour, pourquoi refuser de chanter ?
Toi, ma sœur, dont la voix a de si puissans charmes.

SOPHIE.

Chanter, quand j'avais peine à retenir mes larmes !
Bon dieu, comme elles sont coquettes à Paris !

CLERMONT.

Oui, c'est le naturel, mon enfant, du pays.

SOPHIE.

Ah ! quand pour contenter leurs passagers caprices,
Elles s'arment ainsi de tous leurs artifices,
Aux cœurs comme le mien blessés d'un trait profond,
Elles ne savent pas tout le mal qu'elles font.

CLERMONT.

Calmez-vous ; Térigni vous restera fidèle :
Je suis fort peu galant, ma chère demoiselle ;
Mais, avec tant d'attraits, mais, avec tant d'amour,
Comment ne pas compter sur un parfait retour ?

FABRICE.

Oui, l'amour, la raison, et Clermont et ton frère
S'uniront, et toujours tu lui resteras chère.

SOPHIE.

Tu le crois ?

FABRICE.

J'en réponds. Allons, plus de soucis.
Ce bon Clermont veut bien nous faire voir Paris ;
Tu vas être à-la-fois, étonnée et ravie ;
N'est-ce pas là, ma sœur, une aimable partie ?

CLERMONT.

Nous passerons chez moi, Fabrice, en même tems :
Je veux que vous voyiez ma femme, mes enfans.

FABRICE.

Nous serons tous les deux charmés de les connaître,
N'est-il pas vrai, ma sœur ? venez donc, mon cher maître.
Que n'est-il avec nous, ce pauvre Térigni ?

SOPHIE.

Que fait-il à présent ? lui seul nous manque ici.

FABRICE.

Tandis qu'il court avec un flatteur mercénaire,
Nous trouvons un ami dans l'ami de son pére.

CLERMONT.

Il sentira bientôt, peut-être à ses dépens,
Qu'on n'est vraiment heureux qu'avec les bonnes gens.

Fin du second Acte.

ACTE TROISIÈME.

SCENE PREMIERE.

TÉRIGNI, DABLANVILLE, FAVEL,
DERLANGE.

DERLANGE.

Il faut absolument que nous dînions ensemble.

FAVEL.

Oui, célébrons gaîment le jour qui nous assemble.

TÉRIGNI.

Mais le puis-je ? à Paris d'hier soir arrivé,
A mes hôtes ce jour doit être réservé.

FAVEL.

Pourquoi donc ? Loin de nous l'étiquette et la gêne.

DERLANGE.

Rien de plus naturel, un ami vous entraîne.

DABLANVILLE.

Ces dames ont le tems de vous voir en effet :
De votre promenade êtes-vous satisfait ?

TÉRIGNI.

Ce que j'ai déja vu me transporte, m'enivre !

FAVEL.

Gresset l'a dit ; ce n'est qu'à Paris qu'on peut vivre.

DERLANGE.

Vous n'imaginez pas ce qui vous reste à voir.

FAVEL.

C'est qu'ici le matin n'est rien auprès du soir.

DERLANGE *frappant sur l'épaule de Dablanville.*
Votre plus grand bonheur, c'est de l'avoir pour guide.

FAVEL.

C'est l'homme qu'il vous faut.

DERLANGE.

    Souple, alerte, intrépide,

Il se glisse par-tout.

FAVEL.

Avec quel agrément,
A ses amis il fait dépenser leur argent.

DABLANVILLE.

J'ai mérité peut-être une telle louange,
En vous faisant connaître et Favel et Derlange.
Derlange est plein d'honneur, Favel est plein de goût :
Vous voyez qu'avec eux on peut aller à tout.

TÉRIGNI.

Dans ce café brillant où tous deux nous les vîmes,
Mon bonheur me guida.

DABLANVILLE.

Tous deux sont mes intimes.

DERLANGE.

Vous ne connaissez pas le journal de Favel?

TÉRIGNI.

Non.

DERLANGE.

Il est pétillant de malice et de sel.

FAVEL *remerciant en se rengorgeant.*

Ah!

DABLANVILLE.

Le plus grand talent pour rédiger des notes,

FAVEL *se rengorgeant.*

Ah!

DERLANGE.

Couplets, bouts rimés, charades, anecdotes.

FAVEL.

Que vouliez-vous? le goût se perd de plus en plus.
Je cherche à le sauver. Lisez mon prospectus.

DABLANVILLE.

Comme il poursuit par-tout le vice et le scandale!

FAVEL.

Il faut de la décence, il faut de la morale.

DERLANGE.

A l'esprit avez-vous quelques prétentions?
Lui seul fait et défait les réputations.

TÉRIGNI.

Mais je puis lui montrer mon plan de tragédie.

DABLANVILLE.

Parbleu ! plus d'un auteur lui doit tout son génie.

DERLANGE.

Quelle aimable romance hier soir il nous lut !

DABLANVILLE.

Il ne tiendrait qu'à lui d'être de l'Institut.

FAVEL.

Allons, mon jeune ami, du talent, du courage ;
Travaillez, publiez.

TÉRIGNI.
          Si j'ai votre suffrage....

FAVEL.

Ah ! mais c'est mon métier de prôner mes amis.
L'amitié de Derlange aussi n'est pas sans prix.

DABLANVILLE.

Homme du monde.

FAVEL.

          Instruit.

DABLANVILLE.
          Une excellente lame.

FAVEL.

Ces jours derniers il s'est battu pour une femme.

DERLANGE.

Faux bruit. Je me suis pris de querelle fort peu,
Une fois dans un bal, et deux fois dans un jeu.
Les vrais braves toujours sont doux par caractère.
Jeune homme, si jamais vous avez quelqu'affaire,
Prenez-moi pour témoin.

DABLANVILLE.
          Il ne nous niera pas
Qu'il sait, quand il le veut, bien employer ses pas.

FAVEL.

Protecteur en crédit.

DABLANVILLE.
          Excellent militaire.

F A V E L.
Par conséquent très-bien auprès du ministère.

D E R L A N G E *d'un ton capable.*
Est-ce que vous voulez obtenir quelque emploi?

T É R I G N I.
Eh! mais...

D E R L A N G E.
Allons, parlez franchement avec moi :
Mais nous en causerons plus à notre aise à table ;
C'est là qu'on voit vraiment de quoi l'on est capable.

T É R I G N I.
Eh bien soit, j'y consens.

D A B L A N V I L L E.
Quel aimable repas !
Mais que votre Fabrice, entre nous, n'en soit pas.
Vous l'aimez, c'est fort bien, je n'en veux pas médire ;
Mais, moi, je crains les gens qui ne savent pas rire.
Et puis, est-il bien franc?

D E R L A N G E.
Ah! point de fausseté.

T É R I G N I.
Très-franc, mais sérieux...

D E R L A N G E.
Fi donc, de la gaîté.
Et, morbleu! quand on a votre âge, vos richesses,
On rit, on joue, on boit, et l'on a des maîtresses.

T É R I G N I.
Vous paraissez avoir du goût pour le plaisir?

D E R L A N G E.
La vie est courte, il faut se presser d'en jouir.

F A V E L.
Mais, oui ; pour exiger que l'on vive en hermite,
Si l'on n'est pas un sot, on est un hypocrite :
Soyons toujours, sans doute, honnêtes, délicats ;
Mais pour trop vertueux, ne nous affichons pas :
Prenons-le, tel qu'il est, ce monde ; dans la vie,
Aux mœurs du siècle il faut vraiment que l'on se plie ;
Dans ces frivoles mœurs nous fûmes tous nourris ;
Pourquoi donc seriez-vous Spartiate à Paris?

D 4

TÉRIGNI.

Voilà de la raison, de la philosophie.

DERLANGE.

Quand je vous dis que c'est un homme de génie:
Mais pensons au dîner.

FAVEL.

Si j'y menais Constant.

DERLANGE.

J'aime ses calembourgs.

DABLANVILLE.

Esprit, argent comptant.

DERLANGE.

D'ordonner le repas, moi, je fais mon affaire.
Nous irons chez Léda ; l'on y fait bonne chère ;
C'est là qu'avec ma femme assez souvent je vais.

TÉRIGNI.

Vous êtes marié, cher Derlange ?

DERLANGE.

A-peu-près.

FAVEL.

C'est ainsi qu'au Caveau, simple et célèbre asile,
Pour châtier les sots, armés du vaudeville,
Se rassemblaient Piron, et Gallet et Collé.
De nos repas je veux aussi qu'il soit parlé.

TÉRIGNI.

Doux espoir qui suffit pour ranimer ma verve.

DERLANGE.

Ah ! vraiment, je le crois. En attendant qu'on serve,
Nous pourrons faire un tour au trente-et-un.

FAVEL.

Parbleu !

DERLANGE.

Le connaissez-vous ?

TÉRIGNI.

Non.

DERLANGE.

C'est le plus joli jeu.

Je me fais un plaisir, mon cher, de vous l'apprendre.

FAVEL.

Sous un quart-d'heure, ici, nous revenons vous prendre.

(*Il sort avec Derlange.*)

SCÈNE II.

TÉRIGNI, DABLANVILLE.

TÉRIGNI.

Ils sont fort gais.

DABLANVILLE.

Pas vrai ? lestes dans le propos ;
Mais un fond excellent. Amis sûrs, amis chauds ;
Quoiqu'ils fassent souvent des fautes que je blâme,
Je les aime ; pourquoi ? c'est qu'on n'a pas plus d'ame.

TÉRIGNI.

Vous faites bien. Je suis heureux en amitié.

DABLANVILLE.

Mais en amour aussi. Notre aimable Aglaé...

TÉRIGNI.

Hélas ! en supposant sa passion réelle,
Dois-je m'en réjouir ?

DABLANVILLE.

Comment ! vous déplaît-elle ?

TÉRIGNI.

Ah ! je ne suis que trop sensible à sa beauté.

DABLANVILLE.

D'où vient donc cette crainte ? Est-ce timidité ?
Fi donc. D'autres que vous la trouvent fort jolie,
Et pourraient...

TÉRIGNI.

Vous croyez ?

DABLANVILLE.

Ah ! point de jalousie ;
Mais, croyez-moi, parlez, et plus tôt que plus tard.

TÉRIGNI.

Ah ! pourquoi ?... mais voici madame Saint-Alard.

SCENE III.

LES PRÉCÉDENS, Mad. St.-ALARD, JUSTINE.

Mad. St.-ALARD, entrant par le fond avec
Justine, et apercevant Térigni.

JE ne me trompais pas. C'est lui.   (*à Justine.*)

Mademoiselle,
Voyez donc ce que fait ma fille.

(*Apercevant Aglaé qui entre par un des côtés.*)

Mais, c'est elle.
Laissez-nous.

(*Justine sort.*)

SCENE IV.

TÉRIGNI, DABLANVILLE, Mad. St.-ALARD,
AGLAÉ.

Mad. St. - A L A R D *à Térigni.*

VOTRE absence a duré bien long-tems!

D A B L A N V I L L E.

Vous n'avez pas cessé d'occuper nos instans ;
Oui, tout en admirant cette superbe ville,
Il me parlait de vous.

Mad. St. - A L A R D.

Est-il vrai, Dablanville?

(*A demi-voix à Dablanville, mais assez haut pour*
que Térigni l'entende.)

Sur un point important je veux vous consulter ;
C'est un nouvel époux qui vient se présenter
Pour ma fille.

D A B L A N V I L L E.

Je suis à vos ordres, madame.

Mad. St. - A L A R D *sur le même ton.*

Un excellent parti !... Je tremble au fond de l'ame ;
C'est mon unique enfant.

D A B L A N V I L L E.

En cette occasion,
Plus que jamais il faut de la réflexion.

Mad. St. - Alard.

Tenez, voici la lettre, elle est précise et claire.

DABLANVILLE.

(A Térigni.)   (A Mad. St.-Alard.)
Vous permettez, ami ; confiance bien chère !

(Il emmène Mad. St.-Alard sur un côté du théâtre ;
   ils ont l'air de converser ensemble, et ne font en
   effet qu'observer ce qui se passe entre Aglaé et
   Térigni.)

TÉRIGNI après avoir fait un pas vers Aglaé et s'être
                        arrêté.

AGLAÉ.

Vous paraissez rêveur !

TÉRIGNI.

                    Ah ! de grâce, excusez ;
Bien des époux déja vous furent proposés ;
Il paraît aujourd'hui qu'un nouveau se présente.

AGLAÉ.

A l'accepter je doute encor que je consente.

TÉRIGNI.

De tous ces jeunes gens qui briguent votre cœur,
Pas un seul n'a donc pu vaincre votre froideur ?

AGLAÉ.

La jeunesse, à Paris, est perfide ou volage ;
J'ai senti ses défauts, sur-tout dans le voyage
Où je vous rencontrai pour la première fois.

TÉRIGNI très-vivement.

Comment ! à cette époque, auriez-vous fait un choix ?
De grâce, répondez.

AGLAÉ.

                    Ma mère nous regarde,
Modérez-vous.

TÉRIGNI avec timidité.

                    Eh bien, en tremblant, je hasarde
Une prière.

AGLAÉ.

Quoi ?

TÉRIGNI.

Vous m'allez refuser...
C'est... un mot d'entretien.

AGLAÉ.

Qu'osez-vous proposer ?

SCÈNE V.

LES PRÉCÉDENS, FABRICE, SOPHIE.

SOPHIE *parlant de la coulisse.*
ENFIN, nous vous trouvons.

TÉRIGNI *s'éloignant d'Aglaé avec précipitation.*

Ciel ! qu'entends-je ? Sophie !

SOPHIE *s'apercevant du mouvement de Térigni.*
Mais, pardon ; ma présence ici vous contrarie,
Je le vois.

TÉRIGNI.

Point du tout. Vous, nous gêner ! en rien.

SOPHIE.

Mais, si fait. J'interromps un très-vif entretien.
Ma tante, tout exprès, qui là-bas se retire :
La complaisance est grande, et vraiment je l'admire !

Mad. ST-ALARD *se rapprochant avec Dablanville.*
Que dites-vous donc là, ma nièce, s'il vous plaît ?

DABLANVILLE *bas à Mad. St.-Alard.*

Me trompai-je ? Voyez qu'elle l'aime en effet.

SOPHIE.

Je dis... je n'ose pas dire ce que je pense.

(*Pendant cette scène Térigni est fort embarrassé ;
Dablanville observe avec soin tout ce qui se passe.
Fabrice un peu en arrière des autres personnages,
observe également : à chaque mot d'Aglaé, de
Dablanville et de Mad. St.-Alard, il semble sur
le point de parler, et il doit avoir quelque peine à
se contenir.*)

AGLAÉ.

Mais l'entretien était de fort peu d'importance :

Nous parlions... poésie... et beaux-arts...

SOPHIE.

En ce cas,
Que plus long-tems encor je ne vous trouble pas ;
Car ces choses me sont tout-à-fait étrangères.

Mad. St.-ALARD.

Grâce au ciel, à ma fille elles sont familières.
C'est que j'ai tant soigné son éducation.

AGLAÉ.

Je ne me prévaux pas d'un peu d'instruction....

SOPHIE.

L'instruction, sans doute, est un grand avantage ;
Plût au ciel qu'on en fît toujours un bon usage !
Mais, pour humilier des cœurs simples et francs,
On tire vanité souvent de ses talens.

AGLAÉ.

Quoi ! seriez-vous jalouse...

TÉRIGNI.

Y pensez-vous, Sophie ?
Vous mettez une aigreur dans chaque repartie !

SOPHIE *très en colère à Térigni.*

Défendez-les, quand c'est à vous seul que j'en veux.

Mad. St.-ALARD.

Ah ! c'en est trop, enfin...

DABLANVILLE.

Calmez-vous toutes deux.
(*A Sophie.*)
Est-ce notre amitié pour lui qui vous offense ?
Dans ses nouveaux amis, un peu de confiance.
Eh ! nous ne voulons tous, mon dieu ! que son bonheur.

SOPHIE.

C'est qu'il est inoui que Fabrice et sa sœur
Par lui soient oubliés, quand il arrive à peine,
Et qu'avec tant d'apprêts loin de nous on l'entraîne.

DABLANVILLE.

Quoi ! n'est-ce que cela ? causez en liberté :
Justement, par madame, à l'instant consulté,

Peut-être il faut aussi que je cause avec elle.
(*En offrant la main à Mad. St.-Alard.*)
Venez.

Mad. St. - A L A R D *à Dablanville.*

Vous souffririez...

DABLANVILLE *bas à Mad. St.-Alard.*

Fiez-vous à mon zéle.
Il sera bientôt seul, et sur lui j'ai les yeux.
(*Haut à Térigni.*)
Mon ami, je viendrai vous reprendre en ces lieux.

Mad. St. - A L A R D.

Restez, ma nièce, avec votre ami, votre frère ;
Ma fille, suivez-moi.

A G L A É *à Sophie.*

Je vous laisse, et j'espére
Que mes parens, après quelques réflexions,
Rendront plus de justice à mes intentions.

(*Elle sort avec Mad. St.-Alard et Dablanville.*)

SCENE VI.

TÉRIGNI, FABRICE, SOPHIE.

FABRICE *après s'être assuré que Mad. St.-Alard et Dablanville sont partis.*

Sommes-nous seuls enfin ? C'est trop long-tems me taire.
Je blâme de ma sœur la trop vive colère :
Elle est juste pourtant. Comment le conduis-tu ?
Comment ce bon Clermont par toi fut-il reçu ?
Pour ces nouveaux amis, soins, accueil, prévenance ;
Et pour nous, abandon, mépris, indifférence :
En un jour, jusques-là, si l'on t'a fait venir,
Que ne devons-nous pas craindre de l'avenir ?

TÉRIGNI.

Il est fort singulier qu'un homme de mon âge
D'un mentor avec moi prenne ainsi le langage.
Tu crois apparemment valoir bien mieux que moi.

FABRICE.

Point du tout, Térigni, mon amitié pour toi
Me dicte des avis dont j'ai besoin moi-même.
As-tu donc oublié combien Fabrice t'aime?

TÉRIGNI.

Oh! de tant d'amitié je vous suis obligé.

SOPHIE.

Ah! Térigni, combien un jour vous a changé!

TÉRIGNI.

Quoi!

SOPHIE.

Je sens au dépit succéder la tristesse.

TÉRIGNI.

Vous pleurez?

SOPHIE.

Votre amour devait durer sans cesse;
Cet amour, dans lequel je plaçais mon bonheur,
Ingrat, il est déja bien loin de votre cœur.

TÉRIGNI *honteux et comme rougissant en lui-même.*

Qui? moi; grand dieu! cesser de vous aimer, Sophie!

SOPHIE.

Comment de Térigni me croire encor chérie,
Quand son ami, mon frère, est par lui maltraité.

TÉRIGNI.

Maltraité! mais lui-même aussi s'est emporté.

FABRICE.

L'amitié seule...

TÉRIGNI.

Eh bien, je sens mon injustice;
Oui, j'ai tort avec toi; pardonne-moi, Fabrice.

FABRICE.

Vas, je ne pense pas, ami, comme ma sœur,
Qu'un autre amour déja soit maître de ton cœur;
Mais, comme elle, je vois le but de ma cousine:
Elle veut être aimée, elle est adroite et fine.
Malgré toi de ton cœur on s'aura s'emparer.
Sur ta constance, ami, qui peut nous rassurer?
Hier, tu projetais des études immenses;
Aujourd'hui, ce n'est plus qu'au plaisir que tu penses.
A vingt ans on n'a pas de ferme volonté.
Ainsi, notre âge, ami, notre facilité,
Comme si ce n'était encore assez des nôtres,
Nous met à la merci des passions des autres.

Riche, avide à-la-fois de gloire et de plaisirs,
Entouré de flatteurs, tourmenté de desirs ;
Pour ne pas t'égarer songe à prendre un bon guide ;
Or, il s'en présente un , sûr, éprouvé, solide ;
C'est Clermont : ah ! combien, quand tu le connaîtras,
De ton premier accueil tu te repentiras !
Nous avons déja vu son honnête famille,
Son jeune fils, sa femme et sa charmante fille ;
C'est chez lui que ma sœur et moi devons dîner :
Vois , ne pourrions-nous pas avec nous t'emmener ?

SOPHIE.

Ah ! oui ; cela ferait une aimable partie :
A ce prix avec vous je me réconcilie.

TÉRIGNI.

Avec vous, avec lui, je voudrais, mes amis,
Passer ce jour entier ; mais , c'est que... j'ai promis...

SOPHIE.

A qui donc ?

FABRICE.

C'est encor Dablanville , je gage.

TÉRIGNI.

Je n'ai pu me défendre...

SOPHIE.

Ah ! mon dieu, quel dommage !

FABRICE.

Cet homme me déplait ; j'ai plus d'une raison
De croire qu'il n'a pas de bonne intention.

TÉRIGNI.

Ah ! par de tels soupçons ne lui fais pas injure ;
Il n'a qu'un seul motif, l'amitié la plus pure.

FABRICE.

Tu le crois ; et vraiment, tu n'en manqueras pas
D'amis de cette sorte ; ils naîtront sous tes pas.
Vois son but , à travers sa louange trompeuse ;
Dans cette compagnie élégante et nombreuse,
C'est ainsi que tous deux hier fûmes traités ;
A toi les complimens, à moi les vérités.
Riche, on te fait la cour, et pauvre, on me méprise ;
Je rends grâce à mon sort, ainsi qu'à leur franchise ;

Sur les piéges nombreux dont ils vont t'entourer,
Je leur dois le bonheur de pouvoir t'éclairer:
Si tu ne risquais rien encor que ta richesse,
Songe qu'outre tes biens tu perdras ta jeunesse:
Moins sensible au remords qu'au moindre trait railleur,
Tu craindras d'avouer un sentiment d'honneur:
Ainsi, pour te payer ton or et les services,
Ils finiront, mon cher, par te donner leurs vices.

SOPHIE.

Ah! tu pousses aussi les choses à l'excès;
A ce point Térigni ne s'oubliera jamais.

TÉRIGNI.

Sophie, eh quoi! c'est vous qui prenez ma défense!

SOPHIE.

A vous encor, ingrat, méritez-vous qu'on pense?
Comme mon frère au moins, je suis fort en courroux,
Contre cet intrigant qui nous prive de vous.

TÉRIGNI.

Mais chez Clermont je puis vous rejoindre peut-être.

SOPHIE.

Ah! oui.

TÉRIGNI.

        Dites-lui bien que j'ai su reconnaître
Mes torts, et que je veux les lui faire oublier.

SOPHIE.

Moi, j'ai les miens aussi que je veux expier.
Peut-être, avec raison, ma tante est irritée:
Car enfin, sans motif, je me suis emportée;
Et ma tante a vraiment de l'amitié pour moi.
Ma cousine vous aime, aisément je le crois;
Mais d'un pareil amour que pais-je avoir à craindre?
D'aimer sans être aimée elle est assez à plaindre.
Je veux, à mon retour, obtenir mon pardon.

FABRICE.

Je te reconnais là.

TÉRIGNI.

        Votre cœur est si bon.

FABRICE *à sa sœur.*

Mais Clermont nous attend, viens.

        (*A Térigni.*)

            Je pars plus tranquille;

E.

Observe cependant, et crains ce Dablanville.

SOPHIE.

Et venez nous rejoindre.

TÉRIGNI.
                    Oh ! je vous le promets.

SOPHIE.

Qu'il est doux, entre amis, de faire ainsi la paix !

(*Fabrice et Sophie sortent.*)

SCÈNE VII.

TÉRIGNI, DABLANVILLE.

(*Térigni reste pensif après le depart de Fabrice et
de Sophie. Dablanville , qui , pendant la scène
précédente, s'est montré de temps en temps avec
précaution, entre aussitôt que Térigni est seul, et
ne parle qu'après l'avoir observé quelque temps.*)

DABLANVILLE.

Eh bien ! vous voilà seul ?

TÉRIGNI.
                    C'est vous.

DABLANVILLE.
                              Votre Sophie ?...

TÉRIGNI.

A l'instant même, avec son frère, elle est sortie.

DABLANVILLE.

Savez-vous que de vous je ne suis pas content ?
Vous avez des secrets pour vos amis.

TÉRIGNI.
                              Comment ?

DABLANVILLE.

Cette Sophie ?

TÉRIGNI.

Eh bien ?

DABLANVILLE.
                    Ses larmes, sa colère,

Votre trouble sur-tout.... Allons, soyez sincère ;
Vous l'aimez.

TÉRIGNI.

Il est vrai.

DABLANVILLE.
                    Pourquoi donc, en ce cas,
Près d'Aglaé, paraître....

TÉRIGNI.
                    Ah ! ne m'en parlez pas.
Je ne sais quel penchant vers cette fille aimable,
M'entraînait, malgré moi ; combien j'étais coupable !
Et voilà devant vous ce qui m'embarrassait.
Brûler pour elle, épris déja d'un autre objet !

DABLANVILLE.
Auquel vous paraissez attaché ?

TÉRIGNI.
                    Pour la vie.

DABLANVILLE.
Et pourquoi donc vous taire avec moi, je vous prie ?
Après mon amitié, mon dévoûment pour vous,
Cette réserve-là n'est pas bien entre nous.

TÉRIGNI.
Pardon.

DABLANVILLE.
Voyez d'ailleurs à quoi cela m'expose.

TÉRIGNI.
Quoi ?

DABLANVILLE.
            De votre embarras, ne sachant pas la cause,
Par amitié pour vous, pour elle par pitié,
Moi, dans sa passion, j'approuvais Aglaé.
J'avais même déja fait sentir à la mère
Que c'était pour tous deux une excellente affaire.
Près d'elle maintenant me voilà compromis.
Jeune homme, on n'agit pas de la sorte entre amis.

TÉRIGNI.
Oui, j'ai fait tout le mal, et c'est vous qu'on accuse ;
Quand Sophie à l'instant me trouvant mainte excuse,
Vantait et mon amour et ma sincérité,
Je souffrais d'un éloge aussi peu mérité.

DABLANVILLE.

Et, sans doute, en faisant votre panégyrique,
Sur mon compte, l'on s'est permis quelque critique.

TÉRIGNI.

Je vous ai défendu, comme je le devais.

DABLANVILLE.

Je le crois ; cependant, combien je m'en voudrais
Si mon attachement, de votre cher Fabrice
Allait vous éloigner.

TÉRIGNI.

Il vous rendra justice.

DABLANVILLE.

J'aimerais mieux vous fair, quoi qu'il pût m'en coûter.

TÉRIGNI.

Que dites-vous ? qui ? vous, songer à me quitter !

DABLANVILLE.

J'aime à vous voir frémir d'une telle menace.
Nous n'en sommes pas là ; mais répondez, de grâce :
Cette jeune personne est pauvre ?

TÉRIGNI.

Elle n'a rien.

DABLANVILLE.

Rien du tout ?

TÉRIGNI.

Ou du moins, peu de chose.

DABLANVILLE.

Fort bien ;
Et son frère est jaloux de ses droits sur votre âme.
Dès qu'à vous on paraît s'attacher, il s'enflâme.

TÉRIGNI.

Non ; mais....

DABLANVILLE.

Avec sa sœur, d'accord pour vous cloîtrer,
De plaisirs on dirait qu'ils veulent vous sevrer.

TÉRIGNI.

Mais qu'en concluez-vous ?

DABLANVILLE.
Rien.

TÉRIGNI.
De la défiance.

DABLANVILLE.

Ma situation me condamne au silence ;
Comme un ami perfide, au moins intéressé.
Sans preuves, il est vrai, me voilà dénoncé ;
S'il m'échappe sur eux quelque vérité franche,
On dira que je cherche à prendre ma revanche.
Il ne tiendrait qu'à moi, sur leurs propres auteurs,
De faire retomber ces soupçons imposteurs ;
Mais loin de moi toujours ces moyens misérables ;
Non, Fabrice n'est pas de ces amis coupables,
Qui, par pur intérêt, feignent d'aimer les gens.
Le calcul n'est pour rien dans tous ses sentimens ;
Sa sœur n'aime que vous, et non votre fortune ;
Elle exerce peut-être une gêne importune :
Pauvre enfant, elle a craint qu'on ne vous enlevât ;
Effet d'un amour tendre autant que délicat.
Vous voyez que je fais leur éloge moi-même.
Mais écoutez l'avis d'un homme qui vous aime ;
Aux tendres nœuds formés par inclination,
Plus qu'aux autres il faut de la réflexion ;
Ne trompez pas sur-tout une honnête famille,
Madame Saint-Alard et sa charmante fille ;
Celles-ci, le soupçon ne les atteindra pas,
Un sordide intérêt n'a point guidé leurs pas ;
Vous savez, comme moi, qu'elles sont dans l'aisance.
Vingt partis excellens briguent leur alliance ;
Par la fille, leurs vœux ont été rejetés ;
Vous paraissez enfin ; c'est vous qui l'emportez.
Je ne vois là-dedans qu'amour, délicatesse ;
Ainsi donc, elle unit convenance et tendresse :
Si vous y renoncez, sans doute, plus d'un sot,
Vous blâmera d'abord, mais moi je n'ai qu'un mot.
Ouvrez-lui votre cœur, mon cher, avec franchise ;
Vous allez lui causer une amère surprise ;
Sachez adroitement ménager sa douleur.

TÉRIGNI.

Ah ! oui ; mais quels combats s'élèvent en mon cœur !

Mon amour dès long-tems déclaré pour Sophie,
Cette Aglaé qu'il faut que je lui sacrifie,
Ces plaisirs que je crains, qui me semblent si doux,
Vos doutes sur Fabrice, et ses doutes sur vous,
Madame Saint-Alard et Clermont et ma mère
Me pressent à-la-fois en un sens si contraire;
Entre vingt volontés, entre vingt sentimens,
Je me trouve froissé; quels pénibles tourmens,
Que l'indécision, et que l'incertitude!
Et pourtant au milieu de cette inquiétude,
Oui, le vœu que je forme avec le plus d'ardeur,
C'est de rester fidèle à la voix de l'honneur.

DABLANVILLE.

Généreux mouvement, il honore votre âme;
Votre indécision n'est pas ce que je blâme;
Voyez quels sont les gens qui vous aiment pour vous,
Quels sont ceux qui, du sort pour réparer les coups,
Convoitent vos grands biens. Je n'accuse personne;
Mais près de vous le ton que Fabrice se donne....
C'est que d'autres que vous seraient moins patiens;
Enfin, vous saurez tout, mon cher, avec le tems.
J'entends nos deux amis: la gaîté les inspire;
Pour le moment, ma foi, ne songeons plus qu'à rire.

SCENE VIII.

LES PRÉCÉDENS, FAVEL, DERLANGE.

DERLANGE.

Nous voilà; nous ferons un repas enchanteur.

FAVEL.
Oh! rien n'y manquera!

DERLANGE.
Mais vous semblez rêveur?

TÉRIGNI.

Non.
FAVEL.
A l'œil d'un ami jamais on n'en impose;
Le mien est clairvoyant: vous avez quelque chose.

D A B L A N V I L L E.
Ne le tourmentez pas, il est fort amoureux.

D E R L A N G E.
Fi donc ! mauvais début; rien n'est plus dangereux !

F A V E L.
Les peines de l'amour lui paraissent risibles ;
Mais nous n'en rions pas, nous autres gens sensibles.

D A B L A N V I L L E.
Entre deux chers objets, il faut qu'il fasse un choix.

D E R L A N G E.
Moi, je les aimerais toutes deux à-la-fois.

D A B L A N V I L L E *ironiquement.*
Oui, vraiment; toutes deux les prendre en mariage !

D E R L A N G E.
Comment ! il s'agirait d'épouser, à votre âge !
D'un ridicule affreux vous allez vous couvrir ;
A sa ruine il faut l'empêcher de courir.

F A V E L.
Ma sensibilité, sans mentir, est exquise ;
Je n'en trouve pas moins l'hymen une sottise.
On aime, c'est fort bien, mais on n'épouse point.

D A B L A N V I L L E.
A moins que le parti ne soit riche à tel point.

D E R L A N G E.
Ce n'est plus passion, alors c'est une affaire.

T É R I G N I.
Mais quand on brûle enfin d'une flâme sincère....

D E R L A N G E.
Bon dieu ! vous les aurez beaucoup plus aisément.

T É R I G N I.
Ah ! c'est trop outrager un sexe intéressant !

D E R L A N G E.
Voilà nos jeunes gens, défenseurs de nos belles ;
Pour les novices seuls elles font les cruelles.

F A V E L.
C'est qu'au fond, ces vertus qu'on nous prêche toujours,
Elles sont, entre nous, bonnes pour le discours.

DABLANVILLE.

Messieurs, votre doctrine est aussi trop commode ;
Et quoique dans le monde, elle soit à la mode,
Je vous dirai qu'on peut être inconstant, léger ;
Mais avec la vertu jamais ne transiger....
Parce que la vertu, voyez-vous, c'est la base....

DERLANGE.

Vraiment, j'en fais grand cas ; laisse donc là ta phrase ;
Ce n'est que de l'excès qu'on veut le garantir ;
Des gens trop délicats pourraient le pervertir.

FAVEL.

Il est, pour échapper aux traits du ridicule,
Le point précis où doit s'arrêter le scrupule.

DERLANGE.

Daignez-en croire un homme expert en point d'honneur.

FAVEL.

Un homme dans sa famille inflexible censeur.

DERLANGE.

Oui, mais allons dîner.

TÉRIGNI,

                    Oui, partons au plus vîte ;
Car, ce soir, de bonne heure, il faut que je vous quitte.
On m'attend chez Clermont.

DABLANVILLE.

                    Ah ! vous irez chez lui !
J'allais vous en parler. Il est tard aujourd'hui.

DERLANGE.

Quel est-il ce Clermont ? quelque parent peut-être ?

DABLANVILLE.

Un véritable ami.... qui fait un peu le maître.

DERLANGE.

On ne voit ces gens-là qu'en un besoin urgent.

FAVEL.

Sans doute, quand on veut emprunter de l'argent.

DERLANGE.

Allez, d'une façon beaucoup plus agréable,
Nous passerons le tems au sortir de la table.
Venez donc.

SCENE IX.

LES PRÉCÉDENS, Mad. SAINT-ALARD.

Mad. St. - A L A R D.

Vous partez ?
TÉRIGNI.
Daignez me pardonner.
DABLANVILLE.
Oui, ces deux chers amis nous emmènent dîner.
DERLANGE.
Mais nous vous le rendrons de bonne heure, madame.
Mad. St. - A L A R D.
Oui, revenez bientôt ; car de vous je réclame
Un entretien ce soir : ma fille n'est pas bien.
TÉRIGNI.
Qu'a-t-elle donc, grand dieu ?
Mad. St. - A L A R D.
Grâce au ciel, ce n'est rien.
Après les procédés de ma nièce pour elle,
L'indisposition était bien naturelle.
TÉRIGNI.
Dès que je le pourrai, je reviens, et je veux....
FAVEL.
Pour revenir plus tôt, quittons vîte ces lieux.
DERLANGE.
Partons. Allons, morbleu ! point de mélancolie,
Et songeons à mener une joyeuse vie.
(*Derlange et Favel emmènent Térigni.*)
DABLANVILLE *à Derlange et à Favel.*
Je vous suis dans l'instant.

SCENE X.

DABLANVILLE, Mad. SAINT-ALARD.

DABLANVILLE à Mad. Saint-Alard.

Il est en bonnes mains.
L'exemple et les propos de ces deux libertins,
Mes discours, et sur-tout le vin, la bonne chère,
De son premier amour vont bientôt le distraire.
Votre fille fera l'objet de l'entretien ;
Comme pour l'enflâmer je n'épargnerai rien,
Vous le retrouverez plus souple et plus docile ;
Vous y reconnaîtrez le tact de Dablanville.
Je sors pour travailler à nos communs projets.

Mad. St. - ALARD.

Et ma reconnaissance aura de prompts effets.

DABLANVILLE.

Trop heureux d'obliger une honnête famille.

Mad. St. - ALARD.

Qu'une mère a de peine à marier sa fille !

Fin du troisième Acte.

ACTE QUATRIÈME.

SCÈNE PREMIÈRE.

SOPHIE, JUSTINE *entrant chacune d'un côté.*

SOPHIE.

Ah ! Justine, c'est vous ; ma tante est-elle ici ?

JUSTINE.

Sans doute.

SOPHIE.

Avec sa fille ?

JUSTINE.

Oui, vraiment.

SOPHIE.

Térig

N'est pas encore rentré ?

JUSTINE.

Pas encor !

SOPHIE.

Je respire.

JUSTINE.

Qu'avez-vous donc ?

SOPHIE.

Oh ! rien. De moi, vous allez rire ;
Mais Térigni tantôt nous avait bien promis
De venir nous rejoindre ; et... vraiment, j'en rougis...
Moi, ne le voyant pas.... j'en étais inquiète :
J'avais tort, je le sens, mais je suis ainsi faite.

JUSTINE.

Je me reconnais là, car dans mon humble état,
J'ai su garder un cœur sensible et délicat ;
Pour servir, il est vrai, moi, je n'étais pas née....
Mais enfin à mon sort je me suis résignée.
Pardon, j'entends madame, et je vous laisse. Adieu.

(*Justine sort.*)

SCÈNE II.

SOPHIE, Mad. St. - ALARD.

Mad. St. - Alard *d'un air froid.*

Quoi ! ma nièce, déja de retour en ce lieu !
Comment avez-vous fait pour quitter votre frère ?

SOPHIE.

Il va venir. Ma tante est toujours en colère ?

Mad. St. - ALARD.

Vous croyez ?

SOPHIE.

J'en conviens, ce n'est pas sans raison.

Mad. St. - ALARD.

C'est fort heureux.

SOPHIE.

Ne puis-je espérer mon pardon ?

Mad. St. - ALARD.

Allons, c'est quelque chose encor qu'on reconnaisse
Ses torts quand on en a. N'en parlons plus, ma nièce;
De vos malheurs je suis loin de me prévaloir;
Ce que je fais pour vous est sans doute un devoir;
Mais, sous tant de rapport, je vous suis nécessaire;
Qu'il est du vôtre aussi de chercher à me plaire :
Une jeune personne, et sur-tout aujourd'hui,
Dans le monde, a besoin d'un guide, d'un appui.
Je vous en servirai volontiers; je vous aime.
Vous m'offensiez tantôt; eh bien, à l'instant même,
Je m'occupais pour vous d'un établissement,
Tel que vous ne pouviez vous en flatter.

SOPHIE.

Comment ?

Mad. St. - ALARD.

Vous avez remarqué cet homme respectable
Que, près de vous, hier, je mis exprès à table?

SOPHIE.

Qui, ce vieux ?

Mad. St. - ALARD.

Pas si vieux ; il n'a pas cinquante ans.

SOPHIE.

Eh bien ?

Mad. St.-ALARD.

Votre tournure et vos traits innocens
L'ont frappé ; vous avez enfin fait sa conquête ?

SOPHIE *en souriant.*

Vraiment ?

Mad. St.-ALARD.

Mais n'allez pas suivre ici votre tête :
Riche, fort généreux, facile à gouverner,
Au mariage enfin nous pourrions l'amener.

SOPHIE.

Que dites-vous ?

Mad. St.-ALARD.

Je sais qu'il faut de la prudence ;
Ayez, pour mes avis, un peu de déférence,
Et je me charge, moi, de cette affaire-là.

SOPHIE.

Non, ne vous donnez pas de peine pour cela.

Mad. St.-ALARD.

Et pourquoi donc ?

SOPHIE.

Jugez de mon cœur par le vôtre.

Mad. St.-ALARD.

Eh bien ?

SOPHIE.

Puis-je l'aimer, lorsque j'en aime un autre ?

Mad. St.-ALARD.

Quel autre ?

SOPHIE.

Thérigni.

Mad. St.-ALARD.

Plaît-il ?

SOPHIE.

Ignorez-vous
Que Térigni doit être avant peu mon époux ?

Mad. St.-ALARD.

Vous m'osez soutenir que Térigni vous aime ?

SOPHIE.

Mais oui , depuis long tems.

Mad. St.-ALARD.

Quelle impudence extrême !
Petite ingrate, ainsi votre esprit envieux
Voudrait nous engager à rejeter ses vœux ;
Aux charmes d'Aglaé vous le savez sensible ;
Allez, votre conduite avec nous est horrible ;
A quoi bon , s'il vous plaît, tous ces beaux sentimens ,
Déplacés aujourd'hui , même dans les romans ?
Car ne vous flattez pas qu'il fasse la folie....

SOPHIE.

Eh ! ma tante, pourquoi ce courroux , je vous prie ?
Vous me craignez un peu , puisque vous vous fâchez ;
Pour ces bienfaits déja trop souvent reprochés,
Ils ne peseront pas long-tems sur moi , j'espére ;
J'attends pour vous quitter le retour de mon frère ;
Et nous vous garderons tous les deux à jamais
Une reconnaissance égale à vos bienfaits.

SCÈNE III.

Mad. SAINT-ALARD seule.

CELA n'a rien du tout, et cela fait la fière ;
Mais nous saurons mener les choses de manière.
Je crains tout de Clermont : il est venu le voir.
D'abord , je ne veux plus ici le recevoir ;
Mais pourquoi m'effrayer , quand tout me favorise ?
Ce nom de Saint-Alard au fait me tranquillise.
Il ne le connaît pas : profitons des instans ;
Allons , demain peut-être il ne serait plus tems.

SCÈNE IV.

Mad. SAINT-ALARD, DABLANVILLE.

DABLANVILLE.

Vous voilà , nous sortons de table à l'instant même ;
S'il n'aime votre fille, il croit au moins qu'il l'aime.
Un éloge glissé sans affectation
Pour elle a réchauffé son inclination :

Cependant, au moyen d'un honnête artifice,
J'ai su rendre suspects et Sophie et Fabrice :
C'est nous seuls à présent qu'il croit ses vrais amis,
Et le champagne encor éveille ses esprits.
A rentrer sur mes pas il ne tardera guère,
Vous voyez que je suis un ami chaud, sincère.

Mad. St.-Alard.

Ah ! sans doute.

Dablanville.
Tandis qu'il nous reste un moment,
Ne pourrions-nous pas voir mon nouveau logement ?

Mad. St.-Alard.
J'y consens.

Dablanville.
Je prévois qu'il me sera commode;
Mais voici Térigni.

SCÈNE V.

LES PRÉCÉDENS, TÉRIGNI.

Térigni *très-gaîment.*
Ces hommes à la mode
Sont aimables pourtant. Je me suis amusé.
Madame.... mon ami....

Dablanville *à Mad. Saint-Alard.*
Je crois qu'ils l'ont grisé.
(*Haut.*) Eh bien ! ce logement ? allons-y tout de suite.

Mad. St.-Alard.
Volontiers. Venez donc. Pardon si je vous quitte.

Térigni.
Entière liberté.

Dablanville.
Nous allons revenir.
(*Il sort avec Mad. Saint-Alard.*)

SCÈNE VI.

Térigni *seul.*

Ma foi, vive Paris; c'est un lieu de plaisir.
Je suis très-bien tombé ; cette maison est bonne :

J'y reste ; je voudrais voir la jeune personne ;
J'oserais à présent lui peindre mon amour,
Lui parler, et peut-être obtenir du retour.

SCÈNE VII.

TÉRIGNI, AGLÉ.

AGLAÉ.

J'AI cru ma mère ici.

TÉRIGNI.

C'est vous ; sort favorable.

AGLAÉ.

Je rentre.

TÉRIGNI.

Restez donc. Que vous êtes aimable !
Que je voudrais penser, je ne m'en flatte pas,
Que le même motif ici guidait nos pas !
J'y suis venu pour vous ; je parlais de vous-même.
Si vous pouviez savoir à quel point je vous aime.

AGLAÉ.

Est-ce à moi, s'il vous plaît, que vous parlez ? Je croi
N'avoir pas donné lieu....

TÉRIGNI.

N'ayez aucun effroi ;
Quand l'instant se présente, où je puis vous instruire
Des tendres sentimens que votre vue inspire....

AGLAÉ.

On exprime trop bien ce que l'on ne sent pas ;
Les hommes trop souvent sont des trompeurs.

TÉRIGNI.

Hélas !
Moi trompeur ! quel soupçon ! est-ce moi qui déguise ?
Mon dieu ! vous le voyez, je suis d'une franchise !
Et mon cœur n'a jamais démenti mes discours.
Tel je suis aujourd'hui, tel je serai toujours.

AGLAÉ.

Eh bien ! s'il est ainsi, si vous êtes sincère,
Vous devez le savoir, je dépends d'une mère ;
C'est elle que d'abord....

T É R I G N I.
                        Ah ! vous pouvez penser
Que je suis loin, bien loin de vouloir l'offenser ;
Quand je m'adresse à vous, c'est par délicatesse ;
Je ne veux vous tenir que de votre tendresse.

A G L A É.
Que vous êtes pressant !

T É R I G N I.
                        Si j'obtiens votre aveu.

A G L A É.
Ah ! vous êtes trop sûr de l'obtenir !

T É R I G N I *se précipitant aux pieds d'Aglaé.*
                                    Ah ! dieu !
Comptez donc à jamais sur l'amour le plus tendre.

A G L A É.
Ciel ! si ma mère ici venait à me surprendre !

T É R I G N I.
Daignez me répéter.....

A G L A É.
                        Eh ! non, relevez-vous.

S C E N E   V I I I

LES PRÉCÉDENS , Mad. SAINT-ALARD.

Mad. St.-A L A R D.
Que vois-je ? Térigni, ma fille, à vos genoux !

T É R I G N I.
C'est sa mère.

Mad. St.-A L A R D.
Jeune homme.....

T É R I G N I.
                        Au moins, daignez m'entendre.

Mad. St.-A L A R D.
Eh ! comment pourriez-vous songer à vous défendre ?

A G L A É.
Mais ma mère.....

Mad. St.-A L A R D.
                        Voilà ce que je prévoyais,
Et de ma bonne foi ce sont là les effets.

F

SCENE IX.

LES PRÉCÉDENS, DABLANVILLE.

DABLANVILLE.

D'où vient donc tout ce bruit?

Mad. St.-ALARD.

C'est vous, cher Dablanville,
Votre imprudent ami, ma fille trop facile....

DABLANVILLE.

Est-il possible?

Mad. St.-ALARD.

Oser avec indignité,
Tromper ma confiance et l'hospitalité!

TÉRIGNI.

Ah! d'un pareil projet me croyez-vous capable?
Loin de moi....

Mad. St.-ALARD.

Mais ma fille est encor plus coupable.
Rentrez, mademoiselle.

AGLAÉ.

Ah! Térigni.

Mad. St.-ALARD.

Rentrez.

TÉRIGNI.

Mais....

Mad. St.-ALARD.

Ne nous suivez pas.

TÉRIGNI.

Au nom du ciel, souffrez.

DABLANVILLE.

Il est d'autres partis que peut-être on peut prendre.

Mad. St.-ALARD.

Laissez-moi, laissez-moi, je ne veux rien entendre.

SCENE X.

TÉRIGNI, DABLANVILLE.

DABLANVILLE.

QUE s'est-il donc passé ? Daignez me raconter....
TÉRIGNI.
Je vais, si je la suis, encor plus l'irriter ;
Je n'ai plus qu'eñ vous seul, ami , quelqu'espérance.
DABLANVILLE.
Vous avez donc commis quelque haute imprudence ?
TÉRIGNI.
Qu'importe ; suivez-les, ne quittez point leurs pas.
DABLANVILLE.
Volontiers ; mais encor, ne m'apprendrez-vous pas...
TÉRIGNI.
Je ne vois qu'Aglaé , que sa douleur mortelle ;
J'ai,moi seul attiré tous ces malheurs sur elle.
Tâchons de la sauver ; voilà le plus pressé,
Après, vous apprendrez tout ce qui s'est passé.
DABLANVILLE.
Allons.... puisque mes soins vous semblent nécessaires,
Je vais.... vous connaissez mes principes sévères ;
Ainsi donc, quel que soit au fond l'événement,
N'attendez pas de moi de vil ménagement.
Avec l'honneur, mon cher , jamais je ne compose.

(*Il sort.*)

SCÈNE XI.

TÉRIGNI *seul.*

QUE dit-il? Oui, je vois ce que l'honneur m'impose.
(*Appercevant Fabrice.*)
Fabrice ! contre moi, tout semble de concert ;
De plus en plus je sens que ma tête se perd.

SCÈNE XII.

TÉRIGNI, FABRICE.

FABRICE.

Chez Clermont, Térigni, nous avions beau t'attendre.
Ton absence au surplus a dû peu nous surprendre :
Nous nous sommes doutés qu'on saurait t'entraîner,
Plus que tu ne voudrais peut-être après dîner ;
Et Clermont, toujours plein pour toi d'un zèle extrême,
Pour te voir , en ces lieux , va revenir lui-même.
Ainsi.... mais, avec moi, pourquoi cet embarras ?

TÉRIGNI.

De l'embarras ! mais non.

FABRICE.

        Ne dissimule pas.
Aurais-tu contre nous conservé quelqu'ombrage ?
De Dablanville encor je reconnais l'ouvrage.

TÉRIGNI.

Parlez mieux , s'il vous plaît , d'un ami délicat,
Et plût au ciel qu'ici chacun lui ressemblât !

SCÈNE XIII.

LES PRÉCÉDENS , DABLANVILLE.

DABLANVILLE *accourant et tirant à part Térigni.*

Venez ; c'est votre absence à présent qui l'irrite.
On tremble que déja vous n'ayez pris la fuite.
D'une mère en fureur craignez le désespoir ;
Mieux que moi, vous savez, ami, votre devoir.
C'est à vous de lui rendre et l'honneur et la vie :
Venez, de vous revoir elle sera ravie.

TÉRIGNI.

Ah ! courons.

FABRICE.

      Malheureux ! on trame contre toi
Quelque piége , à coup sûr. Où vas-tu ?

TÉRIGNI.

              Laissez-moi.
Je me lasse à la fin d'avoir en vous un maître ;

A mon âge l'on sait se gouverner peut-être;
Et pour me retenir, vos soins sont superflus.
(*Térigni sort avec Dablanville.*)
F A B R I C E *seul et tout stupéfait.*
Est-ce un rêve? Je reste interdit et confus.

SCENE XIV.

F A B R I C E , S O P H I E .

S O P H I E *arrivant au moment où Térigni quitte le
théâtre.*
N'EST-CE pas Térigni que Dablanville entraîne ?

F A B R I C E .

Lui-même, qui le suit, ma sœur, sans nulle peine.

S O P H I E .

J'apprends au même instant son retour et le tien.

F A B R I C E .

Ah ! ma sœur, c'en est fait ; de lui n'attends plus rien.
C'est en m'injuriant qu'en ces lieux il me laisse ;
Il ose m'accuser d'une fausse tendresse,
Il ne veut plus, dit-il, que nous le dominions,
Et Dablanville seul règle ses actions.
Est-ce bien Térigni qu'ici je viens d'entendre ?

S O P H I E .

Non, non, ce n'est plus lui ; ton ami le plus tendre,
Tu l'as perdu, mon frère, et moi, moi j'ai perdu
Tout espoir de bonheur ; dis, le reconnais-tu ?
Depuis hier qu'il est dans ce pays funeste,
Et dans cette maison sur-tout que je déteste :
Mais pourquoi l'intrigant l'éloigne-t-il de nous ?

F A B R I C E .

Je ne sais, il parlait d'une mère en courroux,
De devoirs à remplir.

S O P H I E .

            Serait-il bien possible ?
Ma cousine, avec lui, jouant le cœur sensible,
L'aurait séduit au point.... Ah ! si je le croyais,
Sans égard, sans pitié, je la démasquerais;
C'est que tu ne sais pas les propos de ma tante;
Je sens que de dépit je deviendrais méchante.

SCENE XV.

LES PRÉCÉDENS, JUSTINE.

JUSTINE *accourant.*
Vous voilà ; savez-vous ce qui se passe ici ?

SOPHIE.
Qu'est-ce donc ?

JUSTINE.
Pour le coup, madame a réussi,
Et sa fille à la fin sera donc mariée.

SOPHIE.
Que dites-vous ? Grand dieu ! je suis toute effrayée.

JUSTINE.
Et fort heureusement, pour avoir attendu
Quelque tems, dieu merci ! nous n'aurons rien perdu.

SOPHIE.
Mais expliquez-moi donc....

JUSTINE.
Oui, plus d'un mariage
Avait déja manqué : de-là, le bavardage.
Aglaé, disait-on, sera fille long-tems ;
Voilà de quoi fermer la bouche aux médisans ;
Le parti d'aujourd'hui valant seul tous les autres,
Rions à leurs dépens comme ils riaient aux nôtres.
N'est-il pas vrai ?

SOPHIE.
Fort bien. Mais quel est-il enfin ?

JUSTINE.
Elles auront conduit cette affaire grand train ;
Oh ! c'est un compliment qu'il faut que je leur fasse.
Je ne m'attendais pas....

SOPHIE.
Mais répondez, de grâce ;
Ce parti, quel est-il ?

JUSTINE.
Quel est-il ? Votre ami
D'hier soir arrivé.

SOPHIE.

Térigni !

JUSTINE.

Térigni.

SOPHIE.

Ciel !

JUSTINE.

Il est là-dedans, aux genoux de madame,
La pressant avec feu de couronner sa flâme;
Dablanville, toujours serviable, obligeant,
Est là, près d’une table assis, et rédigeant
Je ne sais quel papier qui, sans doute, l’engage,
Dédit pour qui des deux rompra le mariage;
Je n’ai fait que passer, et j’ai vu tout cela.
D’autres n’auraient pas eu cette finesse-là;
Mais moi, peste ! j’ai cru devoir, mademoiselle,
Bien vite vous porter cette bonne nouvelle;
Plus que nous, elle doit vous réjouir encor.

SOPHIE.

Plus que vous !

JUSTINE.

Le futur est votre ami, d’abord;
Et c’est votre cousine enfin que la future.
Mais voyez donc, voyez quelle heureuse aventure;
C’est un petit présent qui me revient à moi :
Non, que je parle au moins par intérêt; mais quoi,
C’est l’usage, on le sait, et par la mariée,
Vous ne serez pas, vous, à coup sûr oubliée;
La chère demoiselle ! elle a le cœur si bon !
Mais je cours annoncer à toute la maison....
C’est vraiment pour nous tous une réjouissance....
Ah ! çà, pour quelque tems, gardez-moi le silence;
Ce n’est pas que madame à ses parens bientôt....
Mais voyez-vous, par moi savoir le premier mot;
On trouverait cela peut-être un peu précoce;
Quel bonheur ! pour le coup nous irons à la noce.

(Elle sort.)

F 4

SCÈNE XVI.

FABRICE, SOPHIE.

FABRICE.

Eh bien ! ma sœur ?

SOPHIE.
Eh bien ! mon frère ?

FABRICE.

Je te plains ;
Je conçois ta douleur par mes propres chagrins.

SOPHIE.
Oui, le premier moment m'a causé quelque peine ;
Mais elle a peu duré ; me voilà bien certaine
Que l'homme que j'aimais est indigne de moi,
Et je ne l'aime plus.

FABRICE.
Tu ne l'aimes plus, toi !

SOPHIE.
Non, je suis, je le sens, entièrement guérie ;
Qu'il épouse Aglaé, qu'il l'aime, qu'il l'oublie,
Mon dieu ! je verrai tout d'un œil indifférent,
Et je ne fus jamais plus calme qu'à présent.

FABRICE.
Calme !

SOPHIE *en pleurant.*
J'ai tout-à-fait oublié le parjure ;
Mon cœur est libre, oh ! oui, bien libre, je t'assure.

FABRICE.
Puisse-tu dire, hélas ! la vérité, ma sœur ?

SOPHIE.
Mais, mon frère, de toi j'exige une faveur.
Quittons cette maison sans délais je t'en prie.

FABRICE.
Crois-tu que d'y rester plus que toi j'aie envie ?

SCÈNE XVII.

LES PRÉCÉDENS, CLERMONT.

CLERMONT.

Les voilà ; j'étais sûr de les trouver ici.

FABRICE.

C'est vous, Clermont, eh bien ! nous n'avons plus d'ami.
Avec ardeur il court lui-même dans le piége.

SOPHIE.

Il épouse Aglaé, demain, ce soir, que sais-je ?

FABRICE.

Vous sentez bien qu'il faut que d'ici nous sortions.

SOPHIE.

En quel endroit aller ? hélas ! nous l'ignorons.

FABRICE.

N'importe.

CLERMONT.

Sur ce point, d'abord soyez tranquille.

FABRICE.

Comment ?

CLERMONT.

Chez moi, mon cher, vous avez un asyle ;
Ce qui vient d'arriver, j'avais su le prévoir,
Et ma femme est déja prête à vous recevoir.
Mais, s'il vous plaît, pourquoi plier ainsi bagage,
Et laisser après vous votre ami pour ôtage ?
De la place, morbleu ! ne songez à sortir,
Qu'en sachant avec vous le contraindre à partir.

SOPHIE.

Nous, lui parler encor ! avez-vous pu le croire ?

FABRICE.

A l'oublier, Clermont, il va de notre gloire.

CLERMONT.

Laissez-là le dépit, écoutez la raison.
Vous verriez de sang-froid triompher un fripon !
Des coquettes auraient le prix de leur manége !
Morbleu! quand le jeune homme à qui l'on dresse un piége

Me serait inconnu, dans de pareils combats,
A la neutralité je ne m'en tiendrais pas;
Aux complots des méchans arracher l'innocence,
C'est un devoir; voilà du moins comme je pense.
Mais, dites-moi, pourquoi là-bas m'affirmait-on
Que vous étiez tous deux absens de la maison?

FABRICE.

Tous deux!

CLERMONT.

Comme j'étais bien certain du contraire,
Moi, j'ai forcé le poste en brave militaire,
Et j'ai cru démêler dans les yeux du portier
Un trouble, un embarras!

FABRICE.

Mais c'est fort singulier.

SOPHIE.

C'est ma tante, en ces lieux, qui craint votre présence.

CLERMONT.

Votre tante devrait me ménager, je pense;
Et par précaution autant que par égard....
Moi, je ne connais pas madame Saint-Alard.

SOPHIE.

Mais ce nom ne fut pas toujours le sien, mon frère!

FABRICE.

Non, vraiment.

CLERMONT.

Se peut-il? Ciel! quel trait de lumière!
Ainsi, son premier nom était....

FABRICE.

Dupré.

CLERMONT.

Dupré!
Et sa fille? Aglaé. Dieu, tout est avéré:
Mais je n'ai pas le tems d'en dire davantage;
Adieu.

FABRICE.

Comment! adieu.

CLERMONT.

De l'espoir, du courage;
Je cours chez moi.... mon fils... des papiers importans

SCÈNE XVIII.

LES PRÉCÉDENS, Mad. SAINT-ALARD, LE PORTIER.

Mad. St.-Alard *sortant avec le Portier d'un cabinet, appercevant Clermont.*

Ciel ! c'est bien lui.

(*Elle rentre avec précipitation dans le cabinet, et Clermont continue :*)

CLERMONT.

Voilà le siége ouvert, enfans ;
Fourbes, vous vous livrez maintenant à la joie,
Mais vous ne tenez pas encore votre proie.

(*Il sort.*)

SCÈNE XIX.

FABRICE, SOPHIE.

FABRICE.

Ou va-t-il ?

SOPHIE.

Eh ! qu'importe. Hélas ! ce digne ami
Nous rendra-t-il jamais le cœur de Térigni ?
Ah ! pour notre départ préparons tout, mon frère.

FABRICE.

Oui, n'en quittons pas moins cette maison, ma chére.

SOPHIE.

Plût au ciel que jamais nous n'y fussions entrés !

(*Tous les deux sortent.*)

SCÈNE XX.

Mad. SAINT-ALARD, LE PORTIER
sortant du cabinet.

Mad. St.-ALARD.

MES ordres ont été vingt fois réitérés ;
Vous le laissez monter.

LE PORTIER.

           Eh ! mais, dans sa colère
Il m'eût tué, je crois.

Mad. St.-ALARD.

           Quel contre-tems ! que faire ?
Tout était terminé. Je n'ai plus qu'un parti ;
De Paris, dès ce soir, j'emmène Térigni.
Le prétexte à trouver n'est pas bien difficile,
Et d'ailleurs pour m'aider n'ai-je pas Dablanville ?
De sa campagne hier Forlis est revenu,
Et j'en puis disposer. Rien n'est encor perdu.
Si cet homme revient, à l'instant je vous chasse,
Vous m'entendez.

LE PORTIER.
Fort bien.

Mad. St.-ALARD.

           Allons, un peu d'audace,
Et le succès fût-il pour toujours éloigné,
Il est riche, et du moins le dédit est signé.

Fin du quatrième Acte.

ACTE CINQUIÈME.

SCÈNE PREMIÈRE.

Mad. SAINT-ALARD, DABLANVILLE.

Mad. St.-ALARD.

Ainsi nous l'emmenons ce soir à la campagne ;
Le voilà décidé.

DABLANVILLE.
Moi, je vous accompagne.

Mad. St.-ALARD.
Ma fille dans l'instant sera prête à partir.

DABLANVILLE.
Et contre ses amis encor j'ai su l'aigrir.

Mad. St.-ALARD.
Je crois qu'ils vont aussi quitter cette demeure,
J'ai tout su par Justine. Ainsi sous un quart-d'heure,
Nous ne craindrons plus rien. Mais dites, avec lui
Croyez-vous qu'Aglaé soit bien heureuse ?

DABLANVILLE.
Ah ! oui.

Mad. St.-ALARD.
Que fait-il à présent ?

DABLANVILLE.
Il écrit à sa mère ;
De tout ce qui se passe il lui fait un mystère ;
Cependant toujours plein des soins les plus touchans,
Il m'a déja chargé d'aller chez des marchands.
Ne me trahissez pas ; car il veut vous surprendre.

Mad. St.-ALARD.
Etonnez vous qu'on ait pour lui le cœur si tendre,
Il s'agit de choisir peut-être des bijoux,
Des diamans, que sais-je ?

DABLANVILLE.
                        Enfin, rapportez-vous
A mon zèle, à mon goût.

          Mad. ST.-ALARD.
                        Ah! oui, cher Dablanville,
Vous nous avez été, sans mentir, bien utile.

          DABLANVILLE.
Eh! mon dieu! je n'ai fait que suivre mes penchans;
Et naturellement j'aime à servir les gens.

          Mad. ST.-ALARD.
Quoi que vous exigiez, comptez sur votre amie.

          DABLANVILLE.
Hélas! un petit bien, les douceurs de la vie,
C'est tout ce que je veux; j'ai peu d'ambition.

          Mad. ST.-ALARD.
Que ce dédit est fait avec précision!
Mais où l'avez-vous mis après la signature?

DABLANVILLE *le tirant avec précaution de sa*
                        poche.
Il est là, le voici.

Mad. ST.-ALARD *tendant la main pour le prendre.*
                        Donnez, je vous conjure.

          DABLANVILLE *le retirant.*
Non pas.

          Mad. ST.-ALARD.
          Comment?

          DABLANVILLE.
                        Deux mots. S'il ne me sert en rien,
Il vous est nécessaire.

          Mad. ST.-ALARD.
                        Oui, nécessaire.

          DABLANVILLE.
                        Eh bien!
Serait-il fort prudent à moi de m'en défaire?

          Mad. ST.-ALARD.
Je n'entends pas.

          DABLANVILLE.
                        Pourtant ma phrase est assez claire.

Vous vantiez tout-à-l'heure, avec effusion,
Mes services, mon zèle. Heureuse occasion
D'exercer envers moi votre reconnaissance !

          Mad. St. - A L A R D.
Ah ! ah !

          D A B L A N V I L L E.
M'entendez-vous, maintenant ?

          Mad. St. - A L A R D.
                    Je commence.

          D A B L A N V I L L E.
Eh bien donc ! vous plaît-il négocier l'objet ?

     Mad. St. - A L A R D *en s'efforçant de rire.*
Oh ! la plaisanterie est charmante, en effet.
Mais doutez-vous de moi ? La demande est si prompte !

          D A B L A N V I L L E.
Aussi, ne s'agit-il que d'un léger à-compte.
Mad. St.-A L A R D *détachant une bague de son doigt.*
Si ce bijou pouvait....

          D A B L A N V I L L E.
                    Je suis peu connaisseur
En bijoux ; donnez m'en simplement la valeur.
          Mad. St. - A L A R D.
Eh bien ! je vais souscrire un billet en échange.
          D A B L A N V I L L E.
Votre nom vaut, sans doute, une lettre de change.
Mais c'est que j'ai besoin de quelqu'argent comptant.
          Mad. St. - A L A R D.
Mais si je n'en ai pas, mon ami, pour l'instant ?
D A B L A N V I L L E *remettant le papier dans sa*
                    poche.
Eh bien ! nous attendrons.
          Mad. St. - A L A R D.
                    Tout cela nous retarde.
L'acte....
          D A B L A N V I L L E.
     N'est pas perdu.
          Mad. St. - A L A R D.
                    Comment ?
          D A B L A N V I L L E.
                    Je vous le garde.

Mad. St.-ALARD.

J'étais loin de m'attendre, après tant de bontés....

DABLANVILLE.

Chacun doit ici-bas prendre ses sûretés.

Mad. St.-ALARD.

De le garder chez moi quand j'ai la complaisance....

DABLANVILLE.

Je mets un juste prix à votre bienveillance,
Mais dois-je travailler sans fruit ?

Mad. St.-ALARD.

Vous me pressez !...

DABLANVILLE.

Voyez quels sentimens purs, désintéressés !
A votre fille, à vous franchement je m'immole ;
Car, en le mariant, moi-même je me vole,
Et s'il restait garçon, notre jeune héros
Me rapporterait plus....

Mad. St.-ALARD.

Finissons ces propos.
Cet acte m'appartient ; vous plaît-il me le rendre ?

DABLANVILLE.

Certe : aux conditions que vous venez d'entendre.

Mad. St.-ALARD.

Voilà le grand profit d'obliger un fripon.

DABLANVILLE.

Je ne suis pas le seul qui mérite ce nom.

Mad. St.-ALARD.

Un personnage vil, sans principes, sans ame.

DABLANVILLE.

Moi, votre honnête ami ! convenez-en, madame ;
Notre position diffère de bien peu ;
Nous vivons tous les deux de l'intrigue et du jeu ;
J'ai plus d'esprit peut-être et plus d'effronterie,
Mais vous avez plus d'ordre et plus d'hypocrisie.

Mad. St.-ALARD.

Fourbe, insolent, craignez....

DABLANVILLE.

Ah ! voici Térigni.

SCÈNE II.

LES PRÉCÉDENS, TÉRIGNI.

Mad. St-Alard *se radoucissant tout-à-coup à l'aspect de Térigni.*

Térigni ! pourquoi donc s'emporter, mon ami ?
Je suis, vous le savez, très-vive, Dablanville.

TÉRIGNI.

Qu'est-ce donc ?

DABLANVILLE.
            Mais un rien, qu'il est fort inutile
Que nous vous révélions maintenant ; n'est-ce pas ?

Mad. St.-ALARD.

Très-inutile au fait.

DABLANVILLE.
            Souffrez que de ce pas
Je sorte pour finir une certaine affaire.
Adieu, femme estimable, heureuse et tendre mère ;
Si par hasard sur moi tombait votre entretien,
Ne vous avisez pas d'en dire trop de bien ;
D'abord, je n'ai jamais aimé la flatterie,
Et l'éloge est suspect de la part d'une amie.
Je vole, et je reviens.   (*Il sort.*)

SCÈNE III.

TÉRIGNI, Mad. SAINT-ALARD.

TÉRIGNI.

Ami rare !

Mad. St.-ALARD.
                    Oui, vraiment.
Mais vous voulez ce soir nous suivre absolument,
Dit-il ? Je vous approuve : au reste, un mariage
Traîne après soi toujours un éclat, un tapage ;
Il vaut mieux, hors Paris, sans bruit le célébrer.
Ainsi, pour le départ, je vais tout préparer ;

Ne tardez pas de grâce à rejoindre ma fille.
Que nous allons former une heureuse famille,
Quand vous aurez serré des liens si charmans !
Qu'il est doux d'établir, comme il faut, ses enfans !

(Elle sort.)

SCÈNE IV.

TÉRIGNI seul.

Je suis seul. Respirons : quel poids affreux m'oppresse !
Il me semble sortir d'une profonde ivresse :
Quand je songe où j'en suis.... Loin de sa volonté,
Par les événemens comme on est emporté !
Enfin, cette Aglaé, tendre, aimable, sensible,
Me promet le bonheur.... Oui, s'il m'était possible
De perdre tout-à-fait un autre souvenir ;
Et j'ai pu croire.... il est trop tard pour réfléchir.
J'ai promis, j'ai signé, je le devais sans doute,
Et je dois achever, quelqu'effort qu'il m'en coûte :
Mais sur-tout cachons bien....

SCÈNE V.

TÉRIGNI, FABRICE, SOPHIE, tous deux en habits de voyage comme au premier acte, et comme se disposant à partir.

SOPHIE à son frère en lui montrant Térigni.

Mon frère, le vois-tu ?

Me trompai-je ? Il paraît interdit, abattu.

FABRICE.

Comme quelqu'un qui vient de faire une sottise
Dont il sent l'étendue, alors qu'elle est commise.

TÉRIGNI.

Qu'entends-je ? Quelle voix ! Sophie ! où me cacher ?

FABRICE.

Nous ne venons ici pour vous rien reprocher,
Rassurez-vous.

TÉRIGNI cherchant à se composer.

De moi, tu n'as pas à te plaindre ?

FABRICE.

Nous savons tout.

SOPHIE.

Oui, tout.

FABRICE.

Ne songez point à feindre.

SOPHIE.

Nous voulons, puisqu'enfin il faut nous séparer,
Sur nos vrais sentimens au moins vous éclairer.
Soyez certain d'abord que Sophie et son frère
Ne gardent, contre vous, ni haine, ni colère.

FABRICE.

Vous rompez le premier des nœuds chers, anciens;
Puissiez-vous être heureux dans vos nouveaux liens!
Personne plus que nous certe ne le desire.

SOPHIE.

Vous faites sagement, même, s'il faut le dire,
De renoncer à moi. Tant que je l'habitai
Ce champêtre séjour que trop tôt j'ai quitté,
Qui vit croître à-la-fois notre amour, notre enfance,
Je croyais, douce erreur de l'inexpérience !
Que le parfait rapport d'âge, d'humeurs, de goûts
Devaient suffire seuls au bonheur des époux :
J'arrive, et je me vois bientôt désabusée;
D'une fausse amitié par vous-même accusée;
Je vois que par l'exemple et les flatteurs séduit,
De ce monde en un jour vous avez pris l'esprit.
Vous placez dans vos biens le bonheur de la vie;
Vous ne seriez donc pas heureux avec Sophie ;
Moi-même, je dois donc vous rendre votre foi.

TÉRIGNI.

Ah ! je ne suis pas né pour être heureux.

SOPHIE.

Ni moi.

FABRICE.

C'en est assez, ma sœur. Un seul mot, je vous prie;
Que dans ce moment-ci votre cœur nous oublie,
Nous vous le pardonnons, la fortune vous rit;
Mais si jamais le sort sur vous s'appesantit,

Venez à nous ; j'en veux avoir votre promesse ;
C'est tout ce que j'exige, et dans votre détresse,
Si vous cherchiez ailleurs des consolations,
Voilà ce que jamais nous ne pardonnerions.

TÉRIGNI.

Ah ! Térigni peut-il vous oublier, Fabrice ?

FABRICE.

Adieu donc.

TÉRIGNI.

    Vous partez. Un moment, que je puisse
M'expliquer avec vous, et chercher le moyen....
Madame Saint-Alard ! ô ciel !

SCÈNE VI.

LES PRÉCÉDENS, Mad. St.-ALARD.

Mad. St.-ALARD.

        J'ARRIVE bien,
A ce qu'il me paraît.

TÉRIGNI.
    Croyez, madame....

Mad. St.-ALARD.
        Qu'est-ce ?
Encor quelque débat ! vous vous troublez, ma nièce.

SOPHIE.
Qui ! moi !

FABRICE.
    Voulez-vous bien recevoir nos adieux.

Mad. St.-ALARD.
Vous partez ?

FABRICE.
    Pour jamais, oui, nous quittons ces lieux.

Mad. St.-ALARD.
Mais je ne conçois pas ; par quel caprice étrange....
Eh ! quoi ! lorsqu'avec vous, j'en agis comme un ange !

FABRICE.

Mais de votre maison le fracas et l'éclat
S'accordent mal, je pense, avec notre humble état.

Mad. St.-ALARD.

Des fortunes, bon dieu ! que fait la différence,
Quand les cœurs sont entre eux si bien d'intelligence ?

FABRICE.

Vous nous pressez en vain....

Mad. St.-ALARD.

Vous voyez, Térigni ;
Je fais ce que je peux pour les garder ici.
A Partir, dira-t-on, que c'est moi qui les force ?
Je ne peux pas non plus les retenir de force.

SOPHIE.

Faites à ma cousine agréer nos adieux,
Et daignez lui porter le plus cher de mes vœux.
Peut-être j'oublîrai qu'il me fut infidèle,
Si Térigni du moins est heureux avec elle.

Mad. St.-ALARD.

Plaît-il ? Je n'entends pas....

(Fabrice et Sophie font un pas pour s'en aller.)

SCÈNE VII.

LES PRÉCÉDENS, CLERMONT.

*(Clermont paraît au milieu de plusieurs domestiques,
se débattant, et entrant malgré eux.*

CLERMONT.

Corbleu ! je la verrai,
Pour la seconde fois, malgré vous, j'entrerai.

SOPHIE.

Ciel ! qu'entends-je ?

FABRICE.
Clermont !

Mad. St-ALARD.

Encor Clermont !

TÉRIGNI.

Je tremble.

CLERMONT.

Ah ! je suis enchanté de vous trouver ensemble ;
On a bien de la peine à vous voir franchement ;
Fabrice, vous partiez, attendez un moment ;
Nous ne partirons pas seuls, du moins je l'espère.

Mad. St.-ALARD *à part.*

Que dit-il ? Jusqu'au bout ayons du caractère.
(*Haut*) Quelque plaisir que j'aie à vous voir, il me faut
Remettre, malgré moi, la visite....

CLERMONT.

Un seul mot.
Ce nom de Saint-Alard fut-il toujours le vôtre ?

Mad. St.-ALARD.

Comment donc ?

CLERMONT.

L'an passé, vous en portiez un autre ?

Mad. St.-ALARD.

Rien ne peut me forcer à répondre, je croi :
Car enfin, de quel droit un étranger chez moi,
Me ferait-il subir un interrogatoire ?

CLERMONT.

Ma démarche est hardie, oui, je veux bien le croire ;
Mais quand pour démasquer des fourbes, des méchans,
Tous les moyens permis semblent insuffisans.
L'honnête homme, à propos usant des circonstances,
Franchit, sans balancer, de vaines convenances.

Mad. St.-ALARD,

Mais vous prenez un ton.

CLERMONT.

Qui vous effraie?

Mad. St-ALARD.

En rien.
Mon cœur est calme et pur, mais rompons l'entretien.

TÉRIGNI.

Non, il a commencé, qu'il achève ; eh ! qu'importe ?
De mon incertitude il est tems que je sorte.

FABRICE.

Mais que demandez-vous ? Le fait est avéré,
Et l'an passé, ma tante avait pour nom Dupré,

TÉRIGNI.

Il est vrai ; sous ce nom vous m'en parliez vous-même.

CLERMONT.

Voyez où vous menait votre imprudence extrême ;
Cette femme vantait sa probité, ses biens,
Vous ne lui supposiez que d'honnêtes moyens,
Et d'un premier amour son Aglaé victime,
Vous semblait mériter la plus parfaite estime :
Connaissez votre erreur, connaissez leurs complots ;
Ces grands biens, cet honneur, cet amour, tout est faux.
Les preuves, les voilà.

(*Il tire avec vivacité de sa poche plusieurs papiers*
qu'il donne à Térigni, et que celui-ci parcourt
avec avidité.).

               De mon fils avec elle,
Cette correspondance entière et bien fidèle ;
A des joueurs connus ces invitations,
De créanciers nombreux ces assignations,
Enfin, ce double nom qui n'est qu'un stratagême,
Pour pouvoir m'échapper ; lisez, jugez vous-même ;
Qu'après avoir sauvé mon fils, je puisse aussi
Le sauver à son tour, le fils de mon ami.

TÉRIGNI.

Grand dieu !

Mad. ST.-ALARD.

         N'attendez pas que je me justifie ;
J'ai prouvé que je sais braver la calomnie ;
Vous, Térigni, sachez remplir votre devoir ;
Je ne m'abaisse pas jusqu'à faire valoir
Les droits que j'ai sur vous. Non, c'est votre tendresse,
Votre équité, sur-tout votre délicatesse
Que pour ma fille ici j'ose solliciter.

CLERMONT.

Que dit-elle ? Un moment, pouvez-vous hésiter ?

TÉRIGNI.

Vous ignorez, Clermont, le lien qui m'engage.

SCÈNE VIII.

LES PRÉCÉDENS, DABLANVILLE.

DABLANVILLE *à part, au fond du théâtre.*
Ah ! ah ! tous rassemblés.

CLERMONT.
Quel est donc ce langage ?

FABRICE.
C'est ce dédit signé tantôt par Térigni.

CLERMONT.
Un dédit !

Mad. ST.-ALARD.
Oui, sans doute.

DABLANVILLE *toujours à part.*
Ouais ! écoutons ceci.

CLERMONT.
Eh ! qu'importe ? Il vous fut arraché par la ruse :
C'est elle, et non pas vous qu'un tel écrit accuse ;
Elle et les siens d'ailleurs, ne les connaît-on pas ?
C'est moi qui, le premier, les cite aux magistrats.

DABLANVILLE *toujours à part.*
Mauvaise affaire !

CLERMONT.
On crut vous enchaîner.

DABLANVILLE.
Que faire ?

CLERMONT.
Mais perdez, s'il le faut, votre fortune entière,
Plutôt que de former un indigne lien.

DABLANVILLE.
Je me décide.

TÉRIGNI.
Ah ! oui.

DABLANVILLE *s'avançant.*
Non, il ne perdra rien.

CLERMONT.

Comment ?

DABLANVILLE.

Remerciez votre ami Dablanville ;
Comme vous, délicat, crédule et trop facile,
A signer ce dédit j'ai pu vous décider ;
Je ne sais quel soupçon m'inspira de garder....
Pour ce qu'elle est, madame, enfin s'est fait connaître ;
Je dois donc vous le rendre ; et le voilà.

(*Il remet le dédit à Clermont.*)

TÉRIGNI.

Quoi !

Mad. ST.-ALARD.

Traître !

DABLANVILLE.

Ah ! j'en rougis pour vous, madame Saint-Alard ;
Je ne présumais pas cela de votre part.

Mad. ST.-ALARD.

Ainsi, de mes bontés accablé, l'hypocrite
De ma perte a vos yeux veut se faire un mérite ;
Il se trompe, avec moi. Monstre, je te perdrai ;
A mes persécuteurs moi-même j'apprendrai
Tes vices, tes complots, ta scandaleuse vie,
Et ta bassesse insigne et ta friponnerie.

TÉRIGNI.

Que veut dire ceci ? Dieu ! qu'est-ce que j'entends ?

CLERMONT.

Ce que cela veut dire, ô jeune homme imprudent !
Que chacun parle vrai sur le compte de l'autre.

DABLANVILLE.

Ah ! croyez....

CLERMONT.

Je conçois quel tourment est le vôtre ;
L'amour-propre gémit d'avoir été surpris.

TÉRIGNI.

Ciel ! ô ciel ! où sont-ils maintenant mes amis ?

CLERMONT.

Vos amis ? les voilà. C'est Sophie et Fabrice
Qui vous aiment encor malgré votre injustice.

SOPHIE.

Oui, toujours.

TÉRIGNI.

Eh ! comment réparer ? Non, jamais.

FABRICE.

En nous aimant encor, comme tu nous aimais.

DABLANVILLE.

Ne me confondez pas....

CLERMONT.

Paix ! songez à vous taire ;
Je vous connais aussi.

Mad. St.-Alard *à Dablanville.*

Vous sortirez, j'espère.

DABLANVILLE.

Et Térigni me laisse aller, sans nul regret ;
Allons, c'est un ingrat de plus que j'aurai fait.
Je vous baise les mains.   (*Il sort.*)

Mad. St.-Alard.

Il raille encor l'infâme.

CLERMONT.

Avec ces jeunes gens je pars aussi, madame.

Mad. St.-Alard.

Je ne pourrai jamais lui trouver un mari. (*Elle sort.*)

SCENE IX et dernière.

LES PRÉCÉDENS, hors DABLANVILLE
et Mad. SAINT-ALARD.

TÉRIGNI *à Fabrice.*

Dès demain je m'unis à ta sœur, mon ami.

FABRICE.

Non ; pour elle et pour toi, souffre que je diffère ;
Par la réflexion mûris ton caractère ;
Ne sois pas si léger à choisir tes amis ;
De l'honnête Clermont écoute les avis.
Sur-tout, d'une manière utile à ta patrie,
Sache employer, mon cher, ta fortune et ta vie ;
Prends un état enfin, et mon cœur est à toi.

CLERMONT.

Venez, en attendant, vous établir chez moi.
L'exemple de ma femme, à cette sœur si chère,
Apprendra les devoirs et d'épouse et de mère,
Et puissé-je à tous deux apprendre par le mien,
Ceux de l'homme d'honneur et du vrai citoyen !

FIN.

DE L'IMPRIMERIE DE MIGNERET,
RUE DU SÉPULCRE, F. S.-G., N.º 28.

9 782329 750439